500 Ideas
para el ministerio juvenil

LUCAS LEYS

DEDICADOS A LA EXCELENCIA

© 2004 EDITORIAL VIDA
Miami, Florida

Edición: *Carolina Galán*

Diseño interior: *Eugenia Chinchilla*

Diseño de cubierta: *Natalia Adami*

RESERVADOS TODOS LOS DERECHOS

ISBN: 0-8297-4264-6

Categoría: Ministerio juvenil

Impreso en Estados Unidos de América
Printed in the United States of America

04 05 06 07 08 ❖ 7 6 5 4 3 2 1

A Germán, Junior, Jeffrey, Abel, Víctor, Emmanuel, Dante, José Luis y a todos los líderes juveniles que no se aguantan sin generar cosas frescas para la nueva generación. Gracias.

UNA NOTITA DE ADVERTENCIA

Definitivamente este no es un libro que mi jefe quiere que tengas. A él le encanta que la queja numero uno de los jóvenes con respecto a la iglesia que es aburrida. Y lo mejor es que no es solo una queja: muchísimas veces verdaderamente lo es. Siempre haciendo lo mismo y repitiendo las mismas cosas. Todos sentados mirándose la nuca, parándose para cantar y sentándose, parándose para cantar y sentándose de nuevo, parándose para cantar y sentándose de nuevo para escuchar a un tipo hablar durante más de una hora. Genial. Encima, todos convencidos de que eso es lo único que se puede hacer en el templo, y todavía mejor: condenando cualquier intento de hacer algo diferente. Por eso este libro es peligroso y mi jefe no quiere que ningún líder lo vea. Con él un líder inteligente puede desempolvar las reuniones juveniles, y una líder creativa puede hacer que sus clases comuniquen las verdades de Dios de una manera relevante. Con este libro quienes además de ser líderes juveniles también estudian y trabajan van a contar con una herramienta concisa, accesible y práctica para salir del paso cuando tienen poco tiempo para prepararse o hay algún imprevisto y es necesario salir adelante con espontaneidad... Hm, ni quiero seguir hablando de los males que representaría este librito para nuestro trabajo. Por favor, ni se te ocurra tenerlo a mano, llevarlo a cada reunión o guardarlo en la oficina pastoral. Mi jefe se enojaría mucho, y yo tendría que trabajar extra para alejar a los jóvenes de la iglesia.

Un N migo

CONTENIDO

1

¿POR QUÉ USAR LA CREATIVIDAD?

¡¡¡Buuuuu!!! ¡Fuera aquellos que se empeñan en convertir a la iglesia en algo previsible y aburrido! Es pecado aburrir a los jóvenes con el evangelio de Jesucristo. El evangelio es la verdad más emocionante del universo. Dios, ¡sí Dios!, quiere relacionarse con nosotros de manera personal, llenarnos del poder de su presencia y marcar una diferencia por medio de nosotros. ¿Cómo podría ser aburrido eso? Los aburridos hemos sido nosotros, que hemos encerrado a Dios en una doctrina o en una experiencia de fin de semana.

Nuestra misión como líderes de la nueva generación es comunicar las buenas nuevas del evangelio de una forma relevante, y eso no puede hacerse si nos limitamos a usar las mismas tradiciones de siempre y los mismos formatos que funcionan para alcanzar y discipular a los adultos. Los jóvenes y adolescentes de esta generación viven en un mundo muy diferente al de sus padres, un mundo multimedia, visual, interactivo, informático, pluralista, lleno de posibilidades, entretenimiento y elementos tecnológicos. El evangelio de Cristo es siempre el mismo, pero la manera de comunicarlo debe responder a las características contextuales. Jesús usó historias que eran inteligibles para su público, Pablo citó a los poetas seculares de su generación e incluso utilizó un altar pagano para hacer relevante su mensaje a quienes lo escuchaban. Debemos usar lo que tenemos a nuestra disposición para comunicar a Cristo a esta generación de un modo real, emocionante y radical.

A mí me encanta pasar tiempo con líderes juveniles, porque suelen tener clara esta verdad y reclaman cambios y creatividad para sus ministerios. Ahora, muchas veces me encuentro con líderes juveniles con estos reclamos pero que no tienen una base racional teológicamente sólida sobre por qué podemos y debemos ser creativos. Por eso, para movernos en dirección a tener esas bases, aquí te comparto una lista de conceptos fundamentales al respecto.

DIOS ES EL CREADOR

Nuestro Dios es el creador del universo. No un creador o el creador de algo en particular. Sino el creador de todo. De lo que vemos y lo que no vemos. De lo enorme y de lo diminuto. De lo que está en los mares, de lo que está en la tierra y de lo que está en el cielo, y no solo el cielo que vemos. Él es el creador de las galaxias y las megas galaxias. Por eso estoy convencido de que una de las notas sobresalientes de los hijos de

Dios debería ser el vislumbre de nuestra creatividad. Todos conocemos el famoso dicho: "Dime con quién andas y te diré quién eres". Bueno, yo creo que si pasamos suficiente tiempo con Dios, se nos contagia esta característica tan poderosa. Estoy convencido de que una persona espiritual es definitivamente una persona creativa. Una persona espiritual pasa mucho tiempo con el creador del universo, y dime con quién andas...

DIOS NOS DIO LIBERTAD CREATIVA

Dios no solo es el creador, sino que desde el comienzo nos dio libertad creativa. ¿Cuál fue la primera orden que le dio a Adán? Fácil: ponerles nombre a los animales. ¿Curioso no? La primera orden de Dios dada al ser humano fue que usara su creatividad. Saltamos las páginas de la revelación escrita, y nos encontramos a Jesús diciéndonos que nuestra tarea es hacer discípulos, y eso nos entusiasma. Pero seamos agudos al observar la tarea que nos dejó Jesús: Él nos dijo que hiciéramos discípulos, pero no nos dijo exactamente «cómo». Yo me imagino a los discípulos discutiendo la forma de organizar la iglesia (la comunidad de discípulos). ¿A qué hora será la reunión? ¿Cuánto debe durar? ¿Cómo tenemos que sentarnos? ¿Cuánto debe durar el sermón? ¿Cuántos deben hablar? Jesús no les dijo nada de eso. ¿Por qué? Porque nos dio libertad creativa. Nos dijo que hiciéramos discípulos, pero nos dio libertad para hacerlo de mil maneras. Seamos claros: el formato que usamos en nuestros cultos no está en la Biblia. Lo inventamos nosotros. Con esto no quiero decir que esté mal, pero sí que no es sagrado. Si la duración del culto, cómo hay que sentarse, cuánto debe durar el sermón y demás detalles fueran sagrados, estarían en la Biblia. Pero no están. ¿Por qué? Porque Dios nos dio libertad creativa.

DIOS NOS DIO IMAGINACIÓN

Dios nos hizo a su imagen y semejanza. Los seres humanos fuimos creados diferentes al resto de la creación. Se nos dio algo más que meros instintos automatizados que repiten conductas previsibles llamadas patrones de comportamiento. Se nos dio imaginación:  un músculo poderoso capaz de traer progreso y una administración mejor de la vida. El problema es que esta es como todo músculo, si no lo usamos se nos atrofia, y exactamente eso es lo que Satanás quiere que hagamos con nuestra imaginación: nada. Él sabe que se vuelve poderosa en manos de una persona espiritual. Albert Eistein, que tenía todas sus neuronas intentado llegar a la velocidad de la luz, afirmó: "La imaginación es más importante que el conocimiento."

¿Por qué? Porque el conocimiento es limitado, pero la imaginación siempre puede llegar más lejos y traer nuevas soluciones.

LOS JÓVENES TIENEN UN HAMBRE INCREÍBLE DE LO NUEVO

Prendes la televisión y ves anuncios de que el canal tiene un programa nuevo, salió una película nueva y vendrá una nueva serie. Prendes la radio y te anuncian lo nuevo del último artista de moda, los nuevos temas de las listas de éxitos y el nuevo CD que está por sacar ese músico que no soportas. Prendes la computadora y te aparecen los anuncios de ese nuevo producto, te llegan los correos electrónicos con la nueva solución contra los anuncios por correo electrónico, y en alguno de los principales portales ves que ya salió un modelo nuevo de computadora que convierte la tuya en un completo dinosaurio. Todo es nuevo, nuevo, nuevo. Ahora, vas a la iglesia, te sientas y escuchas: "¿Cuántos están contentos?" "¿Quién vive?" "Y a su nombre...", y sabes todo lo que va a ocurrir ¿No hay nada nuevo que decir o hacer? La respuesta debe ser sí. Hay cosas que no cambian, pero nuestros formatos, lenguajes y ritmos ministeriales se deben acoplar a las tendencias y códigos de la generación que intentamos alcanzar. Una vez más: es pecado aburrir a los jóvenes con el evangelio de Jesucristo.

En este libro te presento ideas que explican cómo hacer de tu ministerio juvenil un lugar más atractivo, emocionante y seguro para tus adolescentes. Un lugar donde puedas ayudarlos a pasar por esta etapa de la vida tan particular, enseñándoles a tomar las mejores decisiones, a vencer las tentaciones propias de dicha época y a ver a Cristo de una manera más real. Algunas de estas ideas van a ser perfectas para tu contexto, otras no. Casi todas vas a tener que adaptarlas a tu situación y circunstancias, pero la lista te va a ayudar a salir del paso cuando no sepas qué hacer o cuando estén pensando en hacer algo diferente al planificar el año. Algunas de estas ideas te van a parecer descabelladas, y otras conocidas. Muy probablemente las que tú ya conozcas sean nuevas para otros, y las que otros conozcan te hagan levantarte del asiento y exclamar: "¡Eso lo hago hoy mismo!"

Es mi deseo que, agitando tu imaginación en las páginas de este libro, encuentres a Dios. Las personas creativas no suelen ser individuos que hacen algo completamente nuevo, sino quienes captan una idea, la personalizan y la ponen en práctica de una forma propicia y fresca para su público.

2

Las siguientes son ideas de todo tipo que te ayudarán a consolidar un ministerio más atractivo y eficaz.

IDEA #1

No te olvides de tomar fotos de las actividades de tu grupo de jóvenes. Ponlas en la iglesia o en el pizarrón de los jóvenes. Permite que ellos decoren y hagan cosas llamativas con ellas.

IDEA #2

Edifica la autoestima de tus jóvenes afirmándolos cuando están solos y cuando están con sus amigos. Trata siempre de decirle algo positivo a cada uno.

IDEA #3

Utiliza el correo. Envía tarjetas de cumpleaños, escribe palabras de ánimo a cada joven de tu grupo. Manda de tanto en tanto tarjetas postales y anuncios.

IDEA #4

Realiza encuestas o cuestionarios entre los jóvenes. Así podrás averiguar lo que suelen pensar.

IDEA #5

Reúnete con otros líderes de jóvenes de tu misma zona. Si no existe este tipo de reuniones, organiza tú mismo una periódicamente para compartir ideas y problemas. Estas personas pueden ser de gran ayuda para ti.

IDEA #6

Nunca ignores las interrupciones durante una reunión de jóvenes. Cuando se dé una, reconócela. Esa es la mejor manera de recuperar la atención del grupo.

IDEA #7

Evita hacerles a los padres promesas que no puedas cumplir. Promete únicamente hacer siempre tu mejor intento.

IDEA #8

Subscríbete o consíguete una revista popular de música entre los jóvenes, como *Rolling Stone* o *Teen* [Adolescente] (o la que sea popular en tu país) para mantenerte al día en la cultura actual de los jóvenes.

IDEA #9

Dales oportunidad a los jóvenes de meditar lo que aprendieron al final de cada reunión. Pídeles que escriban: "Hoy aprendí....", o divídelos en grupos pequeños para que comenten lo que aprendieron.

IDEA #10

No se reúnan en lugares demasiado grandes a menos que los llenes. Si tu grupo es pequeño, reúnanse en un lugar chico. Esto les da la idea de estar "apretados". Asegúrate de que la reunión sea informal y cómoda.

IDEA #11

Permite que los jóvenes hagan un "anuario" al final del año. Debe incluir fotos y artículos acerca de las actividades realizadas durante el año. Será un recuerdo positivo de los momentos que compartieron en el grupo.

IDEA #12

Prepara una buena descripción de tu trabajo y apégate a ella.

IDEA #13

Si tu grupo es pequeño, reúnete con otros grupos en algunos eventos. Combinen sus recursos. Compartan los gastos. No tengas miedo de invitar a otro grupo de jóvenes a algunas de las actividades, aunque sean de otra denominación.

IDEA #14

Trata con los problemas conforme vayan surgiendo. No esperes que desaparezcan por sí solos. No funciona así.

IDEA #15

Organiza una "cadena telefónica" para ayudar a dar a conocer los de eventos que realicen. Si

cuentas con diez jóvenes que puedan llamar a otros diez, podrás contactar a cien jóvenes en una noche y así sucesivamente. El contacto personal es siempre el más efectivo.

IDEA #16

Si tu iglesia no cuenta con una buena biblioteca de libros para jóvenes, comienza una. Debería crecer cada mes. Incluye en ella libros para los jóvenes, para sus padres y para sus líderes o pastores.

IDEA #17

Permite que los jóvenes de tu grupo seleccionen a ciertos adultos de la iglesia a quienes quisieran tener como consejeros. Resulta más fácil trabajar con adultos que saben que fueron escogidos por los jóvenes.

IDEA #18

Ofrécete como patrocinador, consejero o chaperón para eventos y actividades en las secundarias o preparatorias. La mayoría de las escuelas necesitan ayuda en la cafetería, bailes, asambleas, días de campo o eventos deportivos.

IDEA #19

Mantén un registro de tu tiempo durante una semana para observar adónde se va realmente.

IDEA #20

Llega más temprano a la reunión de jóvenes para recibir a estos y a sus padres conforme llegan. Quédate más tarde por la misma razón.

IDEA #21

Desarrolla programas que reflejen las necesidades, intereses y nivel de energía de los jóvenes del grupo, no para los adultos que trabajan con ellos.

IDEA #22

Tómate dos días fuera de la oficina, trabajo o estudios para prepararte en oración y planificar los tiempos ministeriales más ocupados que tengas durante el año.

IDEA #23

Organiza una cena con estudiantes de varios países. Que conversen sobre lo que es ser adolescente en sus países y que lo comparen con lo que sucede en el tuyo. Dales una tarjeta telefónica para que puedan llamar a sus países desde el grupo de jóvenes.

IDEA #24

Planea actividades que se realicen muy temprano o en la noche. Habrá menos conflictos, y además, a los jóvenes les gustan las aventuras.

IDEA #25

Desarrolla metas y expectativas realistas, y recuerda que la cosecha es al final de los tiempos, no al final de tu reunión de jóvenes. Evita depender de resultados inmediatos para determinar el éxito o el fracaso. Los resultados duraderos suelen llegar mucho después.

IDEA #26

Invita a comer a un pastor o líder de jóvenes de otra iglesia o iglesia hermana.

IDEA #27

Considera agregar actividades juveniles durante la semana. Muchos jóvenes cuyos padres trabajan son dejados sin supervisión hasta muy tarde, y durante ese tiempo no tienen nada que hacer.

IDEA #28

Anticipa todo. Nunca utilices un vídeo que no hayas visto o programes a un predicador a quien no hayas escuchado. Tus estudiantes no deben ser tratados como conejillos de indias.

IDEA #29

Conoce a los padres de tus adolescentes. Apréndete sus nombres y úsalos, repitiéndolos una y otra vez, para poder recordarlos.

IDEA #30

Dedica tiempo para leer libros nuevos cada año. Trata de leer un libro acerca del ministerio de jóvenes, otro sobre la administración del tiempo, otro sobre teología, uno de los clásicos y un par de novelas populares.

IDEA #31

Evita crear una mini iglesia de jóvenes. Has que los jóvenes se involucren en la vida de la iglesia, no solo con el grupo de jóvenes. Pueden servir en algunos comités, ministerios, con los niños, o con la tercera edad, participar en la alabanza y asistir a otros eventos y reuniones.

IDEA #32

No tengas miedo de sonreír y de reírte mucho.

IDEA #33

Visita en sus casas a los jóvenes de tu grupo. Se puede obtener un buen discernimiento al notar la decoración de la habitación de un joven y observar lo que está expuesto ahí.

IDEA #34

Imprime trípticos o tarjetas que describan a tu grupo de jóvenes y sus actividades. Hazlas llegar a los padres, a los jóvenes del grupo y a jóvenes que no estén familiarizados con el grupo. Incluye fotos, descripciones cortas, horarios y lugares.

IDEA #35

Planea al menos dos retiros por año. Uno puede ser grande y con toda la producción, y el otro puede ser solo una noche y bien sencillo. En general, un día en un retiro vale más que un mes entero de domingos (o del día que tenga lugar tu reunión de jóvenes).

IDEA #36

Relájate y deja que los adolescentes sean adolescentes. Los jóvenes no son adultos, así que no esperes que actúen como tales.

IDEA #37

Nunca canceles algún evento o reunión simplemente porque no van muchos jóvenes. Necesitarás adaptar tus planes, pero no mandes a nadie a su casa. Deja que los que sí fueron sientan que son tan importantes como los que no se presentaron.

IDEA #38

Familiarízate con la música que escuchan los jóvenes. Algunos programas semanales de MTV, así como algunos radiofónicos te ayudarán a mantenerte al día. De vez en cuando, comenta con tus jóvenes de forma positiva lo que se dice en la música.

IDEA #39

Toma un curso de primeros auxilios y anímales a hacer lo mismo a quienes te ayudan.

IDEA #40

Ten a mano un archivo de referencias para consejería. Si te sientes inadecuado o inseguro de ti mismo, no dudes en referir a tus jóvenes a manos de profesionales que tengan el entrenamiento y la experiencia apropiados.

IDEA #41

Ofrécete para servir como voluntario en un hospital local en la unidad de adolescentes o en los programas de rehabilitación de drogadictos o alcohólicos, y lleva contigo regularmente a alguno de tus adolescentes.

IDEA #42

Ten a mano un par de libros de la biblioteca de "Ideas de Especialidades Juveniles". Jamás usarás todas esas ideas, pero la próxima vez que necesites alguna, tendrás muchas de dónde escoger.

IDEA #43

Organiza un "armario para teatro o drama", lleno de disfraces, ropa vieja y útiles para la producción de obras de teatro y dramas o ilustraciones de última hora. Pídeles a los miembros de la iglesia que donen ropa que se vea ridícula y otras cosas. Una tienda de segunda mano también es un buen recurso.

IDEA #44

Da a conocer tu disponibilidad. No produzcas en tus jóvenes la impresión de que estás demasiado ocupado para ellos.

IDEA #45

Cuando los jóvenes te ayuden con algún juego frente al grupo, no te burles de ellos. Utiliza actividades para edificarlos. Haz que se sientan como héroes, no como idiotas.

IDEA #46

No lo hagas todo a solas aunque pienses que lo haces mejor. Aprende a delegar y a trabajar en equipo. Haciendo todo a solas quizás salves una reunión, pero delegando, salvarás el ministerio.

IDEA #47

Mantén listo al menos un programa o actividad de jóvenes "bajo la manga" para usarlo en caso de emergencia. Será muy provechoso cuando tu conferenciante invitado no aparezca o no llegue el vídeo que programaste.

IDEA #48

Pídeles a los adultos de la iglesia que "adopten" a un adolescente que conozcan del grupo de jóvenes y que oren específica y regularmente por esa persona.

IDEA #49

Recorta tiras cómicas buenas y sanas de los diarios y haz fotocopias ampliadas de ellas en transparencias para ponerlas en algún "espacio publicitario" durante la reunión, la apertura o para introducir alguno de tus mensajes.

IDEA #50

No descuides a los menos populares de tu grupo. Dales tu tiempo y atención, igual que a los jóvenes más inteligentes o atractivos

IDEA #51

Invita de vez en cuando al pastor de la iglesia a alguna actividad del grupo de jóvenes para que los observe y conozca el programa. Esto ofrece la oportunidad de que los jóvenes vean al pastor como una persona real y de que él entienda más de tu trabajo.

IDEA #52

Enseña a tus líderes con el ejemplo a ser jugadores y entrenadores en el ministerio.

IDEA #53

Mantén informados a los padres. Publica un boletín para los padres u organiza reuniones para preguntas e intercambio de información. La falta de comunicación con los padres puede discapacitar seriamente tu ministerio.

IDEA #54

Consigue voluntarios en todo momento, y desarrolla para ellos una buena descripción de trabajo. Asegúrate de que sepan exactamente lo que se espera y lo que no se espera de ellos. Provéeles de buenos recursos para el trabajo que les has pedido hacer.

IDEA #55

Asegúrate de que cada reunión o actividad esté bien organizada con anterioridad. Esto hace que los jóvenes sepan que son importantes, además de reducir los problemas de disciplina.

IDEA #56

Fomenta la creatividad de tus estudiantes teniendo sesiones de ideas súbitas (tormenta de ideas). Permite que las ideas fluyan sin ser criticadas. No las evalúes hasta que se haya detenido el flujo de ideas.

IDEA #57

Evita utilizar un vocabulario religioso y frases gastadas. Expresa tus pensamientos con palabras que entiendan los jóvenes. (No hace falta que llames hermano a cada cristiano que se te cruza.)

IDEA #58

Si es posible, consigue un contestador automático para el grupo de jóvenes. Utilízalo para dar información. La gente podrá llamar a cualquier hora y escuchar los detalles de eventos y actividades que se realizarán. Eso les encantará sobre todo a los padres.

IDEA #59

Cuando tus estudiantes tengan defectos obvios, por ejemplo en su complexión, peso o personalidad, no asumas que alguien ya los está ayudando.

IDEA #60

Cuando compartas con jóvenes, utiliza ejemplos personales. Las ideas abstractas necesitan ejemplos concretos para mantener vivo el mensaje.

IDEA #61

Nunca utilices un programa de estudios sin que sea antes adaptado a las necesidades de tu grupo. Las personas que redactan estos programas no conocen a tus jóvenes; tú, sí.

IDEA #62

No te preocupes más de la cuenta por el crecimiento numérico. Tamaño no es igual a éxito. La salud lleva al éxito; no viceversa.

IDEA #63

Si dispones de un cuarto o despacho en la iglesia, cuelga una cartelera con fotografías de tus amigos, de los jóvenes del grupo, postales clásicas y otras cosas locas que te guste coleccionar. A los jóvenes les gusta ver esto y obtienen una vislumbre de tu personalidad.

IDEA #64

No tomes tan en serio ni tus circunstancias ni a ti mismo. No todo es tan malo o tan bueno como crees.

IDEA #65

Sé capaz de decir: "No sé". Los jóvenes te harán más caso que cuando muestres que lo sabes todo.

IDEA #66

Confirma siempre cualquier reserva para el grupo un día antes del evento (en especial cuando se trate de algún transporte).

IDEA #67

Evita los reglamentos dobles, es decir, un reglamento para líderes y otro para los jóvenes. Lo que se aplique a los jóvenes se debe aplicar a ti y a los líderes.

IDEA #68

Trata con la raíz de las cosas, y no con los síntomas. En vez de pelear o compartir acerca de una mala conducta de alguien, busca la causa y trata con ella.

IDEA #69

Asiste al menos una vez al año a algún evento de entrenamiento de líderes de jóvenes, tal como la Convención Internacional de Liderazgo Juvenil o seminarios de recursos para quienes trabajan con jóvenes. No pienses nunca que ya lo has aprendido todo.

IDEA #70

No hagas amenazas o promesas que no puedas cumplir o supervisar después.

IDEA #71

Guarda siempre algunos juegos o juguetes en la cajuela de tu coche. No sabes cuándo vas a necesitar un balón de fútbol, un frisbee o globos de agua.

IDEA #72

Asegúrate de tener al menos una pareja adulta (hombre y mujer) trabajando con tu grupo de jóvenes.

IDEA #73

Sirve refrescos en las reuniones o actividades. Es algo relativamente fácil de hacer y a los jóvenes les encanta. También esto hace que se queden más tiempo después de la reunión.

IDEA #74

No te preocupes por el problema de las pandillas. Más bien dales a los jóvenes una serie de oportunidades para interactuar y conocerse entre todos. Tratar de romper con las pandillas o grupitos es un ejercicio usualmente infructuoso y contraproducente.

IDEA #75

Guarda un archivo de cada uno de tus jóvenes. Obtén información personal y familiar como la fecha de su cumpleaños, fotografías, apuntes de entrevistas o consejería personal, observaciones y cualquier otra información. Mantenlo confidencial. Beneficiará tu ministerio y será un gran regalo para tu sucesor.

IDEA #76

Cuando trates de mejorar la iglesia, comienza por ti mismo.

IDEA #77

Evita aconsejar a alguien del sexo opuesto en un lugar privado. La manera de prevenir rumores y malentendidos desafortunados es hablar con la persona en un lugar público, como una cafetería o un parque lleno de gente.

IDEA #78

Mantén un diario del ministerio de jóvenes. Escribe y evalúa todas las semanas lo que hiciste en el grupo. Describe los contactos que tuviste con los jóvenes y medita sobre cada uno de ellos. Podrás organizar tus pensamientos y documentar eventos importantes.

IDEA #79

Rodéate de adultos que puedan aconsejarte. Necesitas tener alguien que te apoye y a quien rendirle cuentas.

IDEA #80

Programa un retiro de planificación con los líderes de jóvenes y/o con los jóvenes que te ayudan con el grupo. Lucha por trabajar en equipo.

IDEA #81

Transmite el "gran juego o partido" del deporte favorito de tus jóvenes, y haz que ellos inviten a sus compañeros de escuela a verlo en la iglesia. Esta es una buena forma de acercar la iglesia a los muchachos no cristianos y de mostrarles que somos personas normales.

IDEA #82

Si tienes jóvenes que toquen algún instrumento musical raro, déjalos tocar en la alabanza de jóvenes. Eso edificará su confianza, sus habilidades de liderazgo y posiblemente mejorará tu manera de cantar.

IDEA #83

Visita las escuelas de tus jóvenes. Si es posible, preséntate ante el director, los maestros y el entrenador. Hazles saber quién eres.

IDEA #84

Evita disciplinar a los jóvenes frente a sus amigos. Es mejor tratar con los problemas de disciplina en privado y de forma individual.

IDEA #85

No te fíes de la publicidad de auditorios o lugares para campamentos. Visita dichos lugares antes de reservarlos. Infórmate sobre la flexibilidad, costos adicionales y la capacidad de los "extras".

IDEA #86

Cuando discutan algo en el grupo, abstente de hacer comentarios muy positivos o negativos cuando los jóvenes ofrezcan sus opiniones. Mantente lo más neutral posible para animar su franqueza y honestidad.

IDEA #87

Aprende a decir "no". Invierte tiempo en tu familia, amigos, intereses fuera del grupo y en tu crecimiento personal.

IDEA #88

Organiza de vez en cuando reuniones con el resto de los líderes de la iglesia para que sepan de primera mano en qué anda el grupo de jóvenes y sean más cooperativos.

IDEA #89

Usa la televisión para tu bien. Graba y comenta programas buenos. Discutan y evalúen con los jóvenes los programas más populares.

IDEA #90

Obtén un calendario en el que puedas escribir y borrar para planear las actividades del grupo de jóvenes con un año de anticipación. Si no sabes a dónde vas, lo más probable es que no llegues.

IDEA #91

Aprende a escuchar. Refrénate para no tener que dar tu opinión en todo. Escucha, y verás que a veces resultarás de más ayuda así.

IDEA #92

Involucra al grupo de jóvenes en por lo menos un proyecto de servicio social cada año. Estos proyectos no solo les dan a los jóvenes la oportunidad de hacer una contribución positiva a la vida de alguien, sino que también son muy buenos para sensibilizar sus corazones y entusiasmarse con el propósito de la iglesia. Más adelante te ofrezco una lista de posibles ideas al respecto.

IDEA #93

Ten una gran obra de teatro o drama especial cada año. Esto les da a los jóvenes la oportunidad de utilizar sus talentos y sobresalir.

IDEA #94

Comienza un ministerio en algún centro de readaptación para menores. Involucra, si es posible, a los jóvenes. Ofrécete para ayudar al capellán con consejería o con alguna reunión o servicio.

IDEA #95

Sé un ejemplo para tus jóvenes. Cuando puedas, llévate a un par de ellos contigo. Que sean testigos de tu vida cuando arreglas tu coche, vas a algún mandado o interactúas con otras personas. Permíteles que te vean como una persona real.

IDEA #96

No intentes ser "uno más de los muchachos." Si eres adulto, sé un adulto. Pero sé solo un adulto accesible que ama a los jóvenes y sabe divertirse.

3

IDEAS PARA CLASES Y LECCIONES CON OBJETOS

Los objetos pueden ayudarnos a simbolizar con más claridad un principio de la palabra de Dios. La iglesia ha usado este recurso para enseñar a los niños, pero muy poco para comunicarse con adultos o en nuestro caso con jóvenes. Los beneficios más evidentes de este recurso son que el objeto hace la clase más clara, además de memorable.

IDEA #97

Con un kiwi y varias otras frutas puedes enseñar acerca de la belleza interior. Pasa las frutas una a una y pregúntale al grupo cuál les parece la más linda y cuál es la más fea. Pasa al final el kiwi para que todos lo toquen y huelan; luego córtalo en rebanadas para que comprueben el dulce sabor de su interior. Como con el kiwi, muchas veces lo que vemos en el exterior no refleja específicamente el interior. Propone en la semana conocer interiormente a una persona que hayan estado esquivando en la escuela, el barrio o la iglesia por verse diferente. 1 Samuel 16:6-7, Santiago 2:1-9

IDEA #98

Utiliza diferentes tipos de protectores solares, y si puedes conseguir fotos de los diferentes tipos de cáncer de piel, mejor para la siguiente lección. En nuestra sociedad tener un buen bronceado es señal de salud, de pasárselo bien, de glamour y dinero. Aunque recibimos miles de advertencias acerca del mal que pueden provocar largas exposiciones al sol, seguimos envidiando a aquellos que están bronceados, y nos cuesta aceptar que los rayos ultravioletas causen muchos males como resequedad de la piel, arrugas y hasta la muerte. Por eso se han creado tantas marcas de protectores solares y diferentes tipos de niveles de protección. De la misma manera se podría afirmar que habiendo pasado tanto tiempo expuestos al pecado, el resultado sería una memoria arrugada, un corazón lleno de parches, manchas de culpabilidad y finalmente la muerte. Pero Dios nos ha dado la protección perfecta, basada en la larga exposición bajo la presencia del Hijo. Su protección es el secreto de la belleza que corre por debajo de nuestra piel y limpia las manchas negras de nuestro corazón humano. Efesios 5:8-14, 1 Juan 1:7-9. También 1 Corintios 10:13, 2 Corintios 4:4-17, Mateo 4:16; 6:13.

IDEA #99

Para la siguiente actividad necesitarás Alkaseltzer o cualquier otro efervescente, dos litros de

7-Up, cuatro vasos limpios y cuatro bolsas de basura (sin basura). Pídele a cuatro alumnos que se presten como voluntarios, y colócalos al frente con el producto efervescente en una mano y un vaso con 7-Up en la otra. Pon a alguien delante de ellos con la bolsa de basura porque no vas a querer que se desparrame por todo el salón lo que vas a ver. Pídele luego a tus voluntarios que tomen el Alka-seltzer y se lo pongan en la boca y que después de eso tomen algo de 7-Up, pero que no lo traguen porque "explotarán" ¿La gracia? El que logra mantener la efervescencia en la boca la mayor cantidad de tiempo será el ganador. El enojo es como esa efervescencia, que si la mantenemos en la boca por mucho tiempo en algún momento va a explotar y causar un gran desparramo. La lección se basaría en cómo podemos manejar nuestros enojos antes de explotar. Efesios 4:26-27, 31-32.

IDEA #100

Junta diferentes tipos de filtros sucios (seguramente en algún taller mecánico podrás encontrar lo que necesitas). Un buen filtro deja pasar el agua, el aceite o el aire, pero no  las partículas de basura. Eso es el discernimiento: un filtro de la mente. La habilidad de ver lo que es verdadero y desechar lo que no lo es. Pablo nos dice en Efesios 4:14 que el discernimiento es parte de la madurez espiritual. También Filipenses 1:9-11; 4:8-9. ¿Cuál es la diferencia entre una mente abierta y una mente llena de agujeros que deja pasar todo? ¿Qué cosas podrían tapar nuestro filtro? ¿Cómo podemos limpiar y destapar un filtro tapado? (Romanos 12:1-2) Estas y otras preguntas podrán ayudarte a desarrollar la idea.

IDEA #111

Zapatos de todos los estilos, formas, tamaños y colores. Zapatos de vestir, que representan una vida de fe brillante, los cuales algunos solo los sacan para ir a la reunión el domingo. Pantuflas, que representarían el compromiso con el Señor pero con pereza en el servicio. Botas de trabajo, demuestran que hemos estado trabajando duro últimamente, siendo responsable en nuestras obligaciones. Zapatillas para correr: Puedo sentir que el Señor me está ayudando a correr la carrera de mi vida espiritual. Zapatos viejos: He caminado mucho tiempo con el Señor y necesitaría un refresco espiritual. Zapatos con agujeros, cuando ni importa mucho la relación con el Señor o el estado en el que está el alma; obviamente habrá mucho trabajo por hacer. ¿Qué tipos de zapatos llevas puestos hoy? Miqueas 6:8, Colosenses 2:6-7. También Efesios 6:14-15.

IDEA #112

Busca o compra varios de esos palitos con los

que el doctor nos revisa la garganta haciéndonos casi devolver el desayuno de la semana pasada. Puedes reemplazarlos por palitos para helados. Pásale un palito a cada participante para que se examinen la lengua los unos a los otros, y luego pídeles que escriban un poema acerca de la lengua que han examinado. La Biblia nos enseña que aunque la lengua es un órgano muy pequeño puede contaminar todo el cuerpo. Santiago 3:3-5, Salmos 19:14. ¿Por qué el habla es tan importante en la vida de un discípulo? ¿Te acuerdas de alguna conversación que se haya salido de control? ¿A quién y qué cosas podrías decir esta semana para darle un buen uso a tu lengua?

IDEA #113

Coloca en una bolsa juguetes que representan cosas que ponen nuestras prioridades en riesgo (auto, casa, plata, una muñeca Barbie, CD's, pelota de golf, joyas, dinero, computadora, etc.) Para comenzar la lección, saca de la bolsa los elementos uno a uno, o cada uno de los chicos puede sacar uno de la bolsa. También puedes envolver los juguetes en papel, y ellos tendrían que abrirlos con los dientes o con varios guantes en cada mano para hacerlo más divertido. Luego, a medida que van descubriendo los elementos, explícales qué simboliza cada uno (lujo, belleza, glamour, moda, riquezas, etc). En Filipenses 3:7-9 Pablo nos previene acerca del peligro de darle tanto valor a este tipo de cosas materiales. ¿Cuál es el costo de darle nuestra vida a Jesús? ¿Qué es lo que a ti te resultaría más difícil dejar?

IDEA #114

Un espejo te ayudará con la siguiente lección acerca de vernos a nosotros mismos como realmente somos. ¿Qué pasaría si te parases enfrente de un espejo en un lugar público y te dieras cuenta de que el cierre de tu pantalón está abierto, que tienes comida entre los dientes, que llevas la camisa al revés o que te cuelga algo de la nariz? Seguramente actuarías inmediatamente para arreglarte. La razón por la que no ignoras estas cosas y sigues caminando es porque, gracias al espejo, ves tu realidad como la ven otros. La Biblia debe ser el espejo de nuestra alma, pues nos ayuda a vernos a nosotros mismos como nos ve Jesús, y él quiere que reaccionemos inmediatamente ante lo que vemos. Santiago 1:22-25. ¿Es posible que no veamos algunos problemas que tenemos o cosas que están mal aunque tengamos el espejo justo enfrente de nosotros? ¿Cuáles son algunas de las razones por las cuales la gente prefiere no mirar este espejo? ¿Estás dispuesto a pasar más tiempo mirando el espejo de las Escrituras o prefieres el de la pared de tu habitación?

IDEA #115

Hazte de una barra de chocolate negro y una barra de laxante de esos que parecen chocolate. Parte un pedazo de cada uno, sin olvidar cuál es cuál, y sostenlos en las manos. Mientras hablas, haz gestos de ofrecimiento del chocolate, pero sin soltarlos jamás. Basándonos en su apariencia, cualquiera de nosotros estaría contento de recibir un pedazo de chocolate como este. El resultado de elegir este pedazo (muestra el chocolate) es puro placer, uno o dos granos y quizá algo de sobrepeso. El resultado de elegir este otro (muestra el pedazo de la barra de laxante) es tiempo extra en el baño. Las apariencias no pueden decirte siempre cuál es la mejor decisión. Las Escrituras nos enseñan a mirar más profundamente de lo que vemos a simple vista. "Si elijo esto, ¿cuál será la consecuencia?" Porque comer estos dos pedazos de "chocolate" nos llevarán a resultados muy diferentes. Mateo 7:15 al 20, Amós 2:4-5, también Proverbios 13:5, 21:28.

IDEA #116

Consigue llaves de todo tipo: de las antiguas, de las de candado, llaves que cuelguen de un llavero, de las tarjetas que se usan en los hoteles, de un diario íntimo, de un auto, etc. y ten una que abra una caja fuerte, por supuesto, la caja de seguridad (de esas cajas portátiles).

Cada una de estas llaves nos dice algo. La tarjeta dice que pertenece a una habitación de hotel quizás lujoso; la llave vieja, a una casa no muy moderna; una de estas llaves que cuelgan del llavero indica que nunca se perderá, o que no se debe perder; la llave de la casa promete albergue; la del carro demuestra el prestigio del mismo... pero solo una de estas llaves... abrirá la caja fuerte.

Hay muchas maneras de llegar a Dios, varias formas de experimentar a Dios. Pero esas formas y caminos solo llegarán a Dios por medio de

Jesús. ¿Qué quiso decir Jesús con "Yo soy el camino"? Él no apuntó al camino; no dijo: "Vayan por allí", sino: "YO soy el camino", yo soy la llave que abre la caja.

Ten preparados dentro de la caja papelitos con los siguientes versículos bíblicos: Juan 14:6, Hechos 4:12 y también 1 Timoteo 2:5-6.

IDEA #117

Consigue arcilla o plastilina de colores para amasar, además de uno o más moldes. Entrégale a cada uno un pedazo y déjalos que jueguen con la masa durante varios minutos. Toma luego las figuras una a una y mételas en el molde. Mientras lo haces, explica que cambiar de molde o de figura no cambia el color y la textura de la masa. Vivimos en una cultura que trata de cambiaros constantemente, metiéndonos en moldes y figuras para que seamos aceptables frente a los demás. Y cuando decimos "aceptables" queremos decir "simplemente igualitos a los demás". Pero Dios nos dice que no debemos ser iguales al mundo, sino que debemos dejarnos moldear por Dios desde adentro hacia fuera. Porque Dios es el Creador y quien desea convertir este patrón en algo único y especial. Romanos 12:1-2, Jeremías 18:1-6. También: Isaías 45:9 y 64.

IDEA #118

En la puerta de entrada al salón dónde se realizará la reunión de jóvenes puedes colocar una cortina fija, ya sea de papel, cartón o tela, que tape de la mitad para arriba de la entrada y deje libre el espacio de la mitad para abajo. De esta forma, cuando los jóvenes lleguen, primero no sabrán qué hacer, y luego inmediatamente espiarán por el espacio de abajo para ver qué está ocurriendo. Del lado de dentro puedes poner un cartel que diga: "Hoy se entra agachándose", o si quieres ser más específico: "Hoy se entra humillándose." Al principio de la reunión (o al final si lo prefieres) debes explicar que para ser parte de la iglesia de Cristo lo primero que debemos hacer es reconocer que somos pecadores, y postrarnos en arrepentimiento. La humildad debería ser una de las máximas señales de que somos cristianos, y la Biblia está llena de enseñanzas acerca de lo que es la humildad en la vida del cristiano. Cualquiera de estas enseñanzas puede relacionarse muy bien con tener que bajar la cabeza y postrarse para entrar.

IDEA #119

Al empezar la clase se pone al grupo en círculo, y todos tienen que sacarse un zapato y ponerlo en el medio (durante la clase anterior se puede avisar -sin dar muchas pistas- de que todos deben venir con lindas medias). Los líderes toman al azar un zapato de la montaña y explican que cuando se dé la señal (con silbato, a la cuenta de tres o al bajar la mano) todos tienen que correr al medio y ponerse un zapato. Al correr, alguno de los participantes se va a quedar sin zapato. Ponerse el zapato de otro es muy difícil. A veces cuesta mucho, y en realidad no hay mucha gente que quiera hacerlo. Esta actividad es ideal para llevar al grupo a tratar de entender siempre la situación de los demás.

IDEA #120

Consigue galletas con pedacitos de chocolate o algo semejante, pero en cantidad suficiente para que cada uno tenga una.

Cuando esté todo el grupo, pídeles a algunos voluntarios que le den una galletita a cada uno. Dales estrictas instrucciones de que no se las coman todavía, pero que las examinen cuidadosamente. Pídeles que memoricen el tamaño, el ancho, la cantidad de los copos de chocolate que se vean, etc.

Terminado el período de inspección, que se junten en grupos de ocho o más con los que estén a su alrededor, y que cada grupo ponga sus galletas en un plato. Tras darle varias vueltas al plato (sin mirar), cada uno debe tratar de reconocer su galleta. Pídeles que sean honestos: si logran identificar su galleta pueden comérsela. Para aquellos que no se pongan de acuerdo en a quién le corresponde qué galleta, déjalos describir cómo era su galleta y dar las razones de su reclamo. Dios nos ha creado únicos y especiales. Él nos ha dado la cantidad exacta de copos de chocolate que necesitamos para ser únicos. Por eso somos tan importantes para Dios, y cada uno de nosotros es distinto. Él puso en nosotros ciertas características que nos hace especiales y él sí nos reconoce siempre.

IDEA #121

Al empezar la clase pide voluntarios que quieran cambiar una chocolatina (cualquier tipo de dulce o incluso una pequeña suma de dinero) que les va a dar el líder cuando el participante pase al frente, por lo que hay en una caja de sorpresas. Sería ideal que hubiera cuatro o cinco cajas de colores (o forradas) con los números del 1 al 4 (la cantidad de voluntarios tiene que ser uno menos que el número de cajas.) Cada voluntario tiene que decidir por cuál caja va a cambiar su chocolate sin saber lo que hay dentro. En cada caja tiene que haber algo mejor o peor que el chocolate. Puede ser un chocolate más grande o alguna porquería inservible graciosa que se te ocurra. Al hacer el cambio sorpresa el participante se encontrará con que ganó o perdió según la caja que decidió. Todos tenemos que vivir con el resultado de nuestras decisiones. No siempre sabemos lo que hay en la caja, pero otras veces sí. No podemos olvidarnos de elegir de entre las cajas de Dios porque en ellas siempre hay algo mejor.

IDEA #122

Di que hoy tienes varias sorpresas en una bolsa, saca poco a poco de la bolsa algunos elementos comunes y curiosos y trata de usarlos para un propósito diferente del suyo. Por ejemplo: sacar pasta dental y ponerla en un peine, poner jabón en una lata de refresco, sacar una prenda de ropa interior vieja y ponértela de sombrero. (Si todo lo haces despacio y como si estuvieras realizando un experimento inteligente, será mejor para ir creando curiosidad.) Cada cosa tiene su propósito, y si la usamos para algo distinto es un desperdicio o puede quedar ridícula. Por más que quiera, un peine no puede decidir lavarnos apropiadamente los dientes, ni el jabón va a ser agradable en el refresco. De igual manera, Dios nos creó con un propósito, y nosotros debemos crecer en nuestra fe para aprender a ponernos a su servicio de forma efectiva.

IDEA #123

Antes de que comience la reunión prepara varios bocados de diferentes cosas bien ricas, tales como pedacitos de fruta, un postre, trozos de chocolate, caramelos, etc. Prepara también un recipiente o tupperware con varias cosas desagradables como leche pasada, coliflor vieja, queso rancio, huevo podrido o cosas parecidas que produzcan muy mal olor. Consigue además varios pañuelos o telas para taparles los ojos a los jugadores. Al comenzar el estudio, selecciona a tres o cuatro voluntarios y diles: "Necesito ayuda con un proyecto. ¿Confían en mí si les digo que no haría nada, de ninguna manera, que los enferme o

dañe?" Si dicen que sí -esperamos que así sea-
envíalos con algún otro líder fuera del salón, lejos
del lugar. Cuando ya estén fuera, explícale al resto
del grupo que cuando regresen los jugadores que
salieron, van a estar vendados y tendrán que probar lo que tú les vas a dar, entonces los participantes que se quedaron en la sala tienen que
exclamar: "¡Guaj!" "¡Qué asco!" "¡Eso es asquero-
so!" "¡No comas eso!", o cosas parecidas. Vuelve
a traer a los que se fueron, que ahora estarán vendados, y siéntalos al frente en las sillas de las víctimas, diciéndoles: "Voy a darles a probar algo
delicioso. No importa lo que oigan, o lo que lleguen a sentir a su alrededor, confíen en mí". Uno
a uno, pídeles a los jugadores que abran la boca.
En el momento en que lo hagan, dile a algún ayudante que acerque el contenedor oloroso a la nariz
del jugador para hacerlo dudar más. Ahora tú le
das con una cuchara postre de chocolate o algo
parecido, y verás quién está dispuesto y quién se
niega a comer de tu cuchara. Tenemos que confiar
en Dios aunque otras personas o nuestras sensa-
ciones nos guíen a no hacerlo. Cristo nos ha pedido que confiemos en él, incluso cuando nuestros
sentidos afirman lo contrario u otras personas nos
dicen que confiemos en nosotros mismos.

IDEA #124

Prepara varias mesas con caramelos y chocolatinas. Otra mesa con papeles de colores y marcadores. Otra mesa con versículos bíblicos que
sean de aliento.

Entrégale a cada participante un papel pequeño, pídeles que escriban su nombre y apellidos, y que lo echen en un tazón.

Mezcla todos los papelitos y vuelve a repartirlos. Cada uno debe leer el nombre de la persona que le tocó y guardar o tirar el papel. Durante toda la reunión los jugadores deberán acercarse a la persona que les tocó y decirle algo bueno, alentador, especial; si pueden resaltar alguna cualidad particular de su compañero/a mejor. Le pueden entregar chocolatinas envueltas, con una tarjeta creada especialmente, o alguna otra cosa creativa. Si es tímido/a, quizás lo deje en su silla, en su bolsa, en su chaqueta; ellos deben ser creativos. Anímalos para que los varones lo hagan, pues es importante que nadie se quede sin recibir algo especial de sus amigos. Necesitarás crear ambiente para que tengan tiempo de preparar sus regalos: juegos, juegos y más juegos... Al final de la reunión, o cuando quieras, puedes sentarlos en ronda y pedirles que digan quién fue su compañero y qué averiguaron de esa persona. Y continúa la persona que nombraron, diciendo cómo se portó con ella o él el compañero que sacó su nombre, y qué aprendió del compañero del que ella o él sacaron el nombre.

Si tu grupo es muy grande y son demasiados para ir uno por uno, entonces puedes hacerlo tú solo o solo con unos cuantos. O divídelos en grupos para que todos compartan su experiencia. Si te enteras de que alguien no recibió nada ni le dijeron nada, entonces prepárate para ser tú quien le ofrezca algo especial, un elogio, además de tres preguntas de su vida personal.

Disfruta de un tiempo de compartir, jugar y amar a tus jóvenes.

IDEA #125

Para esta actividad solo necesitas lápices de colores, varios libritos para colorear y otros que ya estén coloreados por niños de entre dos y cuatro años. Entrégale primero a cada alumno unos cuantos lápices de colores y un dibujo. Déjalos colorear por unos minutos y sigue con la clase aunque no hayan terminado. Saca los libritos ya coloreados por los niños y muéstrales la diferencia. Sus dibujos estarán perfectamente coloreados, con colores lógicos y todas las líneas bien rellenas por dentro. Los dibujos de los niños estarán todos mal pintados, por fuera de las líneas, mezclando todos los colores sin sentido. Por más que los dibujos les den la guía para pintar, los niños están tan concentrados en colorear que pierden la perspectiva del dibujo, derrochando creatividad en sus pinturas. En cambio, nosotros nos enfocamos tanto en pintar respetando las líneas y dibujos que no podemos producir otra imagen que no sea la que se espera. De esa misma manera vivimos. La cultura nos presiona a vivir dentro de los marcos de lo que todos esperan. Y peleamos desesperadamente cada día para no salirnos de las rayas y para respetar los colores que se supone tenemos que usar. Dios nos

49

llama a ser como niños, a colorear fuera de las líneas, a ponerle colores diferentes a cada día, descubriendo la verdadera libertad a la que nos ha llamado, haciendo de nuestras vidas una obra de arte. Romanos 12:1-2, Números 14 (especialmente el versículo 24). También Mateo 5:3-5.

IDEA #126

Dos hilos de diferentes medidas y un par de tijeras es todo lo que necesitas para esta clase acerca del pecado. Uno de los hilos, quizás lana, debe ser lo suficientemente largo como para rodear las muñecas de una alumna (en posición de orar). Y la otra tira debe ser lo suficientemente larga como para atar de la misma forma pero dando unas veinte o treinta vueltas.

Primero átala con la tira pequeña y pídele que la rompa. Cuando lo haya hecho, dile: "Muy impresionante... ¿podrás volver a hacerlo?" Entonces átala con la soga larga (con las veinte o treinta vueltas). Esta vez le resultará imposible romperla por sí misma, así que pídele a otro voluntario que trate de ayudarla a romper las sogas con las manos. Probablemente no podrá hacer demasiado. Explícales que así es como funciona el pecado en nuestras vidas. Poco a poco nos va enredando en hábitos y malas costumbres de las cuales luego no podemos salir tan fácilmente. Algunos de nosotros buscamos amigos que nos ayuden a salir; algunas veces nos pueden ayudar; otras, no mucho. Pero la Biblia nos dice que un camino seguro para liberarnos de toda atadura es el poder de Jesús. Saca ahora la tijera y corta las cintas. Mientras tanto, di: "Si confiesas tus pecados y pides ayuda, Jesús te perdonará cada uno de tus pecados y te dará poder para que no vuelvan nunca más". 1 Juan 1:9, Gálatas 5:1,13-15. También Juan 8:32-36 e Isaías 42:6-7.

Aquí tienes ideas para juegos en grupos caseros, clases de Escuela Dominical, células, cumpleaños o para usar como rompehielos.

IDEA #127

Ten a mano siempre unas tarjetas con preguntas que vayan de lo más simple y fácil de contestar a lo más comprometedor que se te ocurra. Numéralas, y las puedes usar cuando necesites ocupar algo de tiempo en una actividad que les interese a todos.

Haz preguntas como: "Si tuvieras que elegir a una persona del grupo para irte de vacaciones, ¿a quién elegirías y por qué?" O: "Uno de tus mejores amigos te cuenta que probó drogas que le dieron en la escuela, ¿avisarías a sus padres?" Este tipo de preguntas siempre nos lleva a conocernos mejor y a romper el hielo de los primeros momentos.

IDEA #128

Nunca deberían faltarte objetos de este tipo: una pizarra, cartulinas o papeles que se puedan colgar de las paredes y usar como pizarrón. Asimismo son imprescindibles tizas o marcadores gruesos, y cinta si es que la necesitas. Las competiciones por grupos con un representante al frente teniendo que escribir algo siempre son buenos salvavidas. Pueden tratarse de competiciones de libros de la Biblia, nombres de personajes bíblicos, o sobre quién escribe la mayor cantidad de objetos en... una cocina, en la oficina del pastor, en una tienda de campaña en un retiro, en el cajón de una de las chicas, en... siempre todos quieren participar. Puedes plantearlo también como relevos, haciendo que cada participante de cada equipo escriba una palabra, o solo las chicas contra los varones, o por edades, etc.

También los podrás usar para contabilizar puntajes, para presentaciones especiales y otras cosas.

IDEA #129

Cuando el espacio es realmente reducido y no pueden moverse de su lugar, siempre es una buena idea dividirlos en grupos pequeños con papeles y lápices. Luego deles largas consignas tipo "Escribir la mejor rima que incluya a todos los participantes de cada equipo", "Escribirles a los del otro equipo una carta como si fuesen Pablo, utilizando algunos versículos de una verdadera carta paulina pero cambiando los nombres y problemas". Todos los equipos deben sumar: las cicatrices de sus participantes, los lunares en la cara, la cantidad de mascotas, las letras de las direcciones de correo electrónico, la cantidad de hermanos que tiene cada uno, la cantidad de anillos que tienen en el momento, todos los talles de calzado, etc.

IDEA #130

Dales una lista de cosas para identificar. Por ejemplo: el/la más alto-a, el/la más flaco-a, el más peludo, la mejor peinada, el/la que tiene más accesorios puestos, alguien que haya ganado honores en la escuela, alguien que tenga más  de cuatro hermanos, el/la que vive más cerca de la iglesia, alguien nuevo, alguien que viene a la iglesia desde que nació, alguien cuyo nombre comience por T, alguien que lleve labial rojo, la de pelo más largo, la de pelo más corto, el que calza más, la que calza menos, alguien que sepa un buen chiste, etc.

IDEA #131

Divide al grupo en equipos que envíen un representante al frente. Este representante debe completar la frase que se arma, pero no es tan común como piensas... Cada jugador que pasa al frente recibe un número, ese número es la cantidad de palabras que debe agregar a la frase que ya se está armando. Por lo tanto no solo tiene que recordar lo ya dicho y repetirlo, sino que ahora debe agregar además la cantidad de palabras asignadas. A medida que se equivocan van saliendo los jugadores y cambiando por uno nuevo.

IDEA #132

Las representaciones espontáneas son elementos eficaces para pasar un buen rato jugando y para introducir algún tema que quieras enseñar.

Toma la porción bíblica que elegiste para el día, una obra de teatro que te guste y sirva, o algo de tu propia invención. Pídeles luego a tus jóvenes que se ofrezcan para representarla. Reparte los personajes y cuéntales un poco cómo es este personaje y en qué situación se encuentra. Entonces, a medida que tú relatas, ellos deben ir representándolo.

IDEA #133

Para fechas de celebraciones importantes como Navidad y Semana Santa, ten siempre a mano papel de revistas, cinta, maquillaje del barato, etc. para que tus jóvenes puedan confeccionar sus mascotas de acuerdo a la ocasión. También deberán crear una canción, una bandera, un nombre para el equipo y algún chiste. Cada consigna recibe puntaje y el equipo ganador es el que consiga más puntos. Otra idea divertida es que cada equipo escriba su propia historia de cómo nació esa fecha festiva, la historia por detrás y por qué se celebra. Y agárrate las costillas porque surgirán muchas cosas creativas.

IDEA #134

Si el lugar es muy pequeño pero quieres hacer juegos activos, saca todas las sillas del medio. Trata de poner-  las en otro salón o en el pasillo, no las dejes dentro del salón por- que nunca faltará uno o más que tomen una silla y se sienten aislados del grupo. Una buena idea sería tener muchos almohadones para armar un ambiente más cómodo y placentero, además los almohadones pueden apilarse contra un rincón y luego volverse a tomar sin tanta interrupción.

De esta manera tienes el salón libre de obstá- culos para jugar. Algunos juegos divertidos y semiestáticos son carreras en que los unos se pasen objetos a los otros. Por ejemplo, puedes ali- nearlos en filas por equipos pequeños, sentados en el suelo con la espalda del primer jugador apo- yada en las piernas del segundo, y así sucesiva- mente. Después de eso, al primer jugador le entregas uno o más objetos, y deben pasarlos hasta el final.

IDEA #135

Divide al grupo en dos, si pueden identificarse con algún color mejor. Después de eso pídeles que se sienten desparramados en todo el salón. Además, cada equipo debe tener un capitán que se siente en uno de los extremos del salón. (Cada capitán en el extremo opuesto). La idea es "quemar" o tocar al capitán con una pelota de goma (chica y no muy dura). La pelota solo puede desplazarse por medio de pases, y los jugadores no pueden moverse de su lugar (sentados pegados al suelo). Ahora que ya saben cómo es el juego tampoco pueden cambiarse de sitio. El capitán tampoco puede moverse del lugar, puede agacharse, acostarse, mover el tronco, pero debe estar siempre pegado al suelo en el mismo sitio. Si lo tocan es un punto para el equipo contrario. Los de su equipo pueden protegerlo tratando de robar, parar o desviar la pelota. Si alguien se levanta, salta, o se estira de más queda descalificado y fuera de juego.

Puedes poner otras reglas, como que sea obligatorio realizar cinco pases mínimos antes de intentar tirarle al capitán. O que el capitán pueda intentar agarrar el lanzamiento que le tiraron; si atrapa la pelota no es punto, pero si se le cae o toca algo más, además de sus manos, es punto para el equipo contrario.

Puedes jugar con muchas bolas de papel de diario; eso también puede funcionar. Una buena variación de este juego es utilizar aros de baloncesto o botes en los extremos.

IDEA #136

Utilizar películas para jugar es una excelente herramienta; solo necesitarás bastante trabajo por adelantado y algo de dinero para alquilarlas. Pero te aseguramos que todos querrán jugar, y que –como en ninguna otra ocasión- estarán sentados en sus sillas mirando al frente. Algunas ideas para jugar con películas, y con los chicos divididos en equipos, son las siguientes:

"Completa la frase" o "¿Qué le contestó?": Debes buscar frases famosas de películas famosas. Pasas solo una porción de la frase y los equipos deben tratar de acercarse lo máximo posible al renglón del actor. El equipo que lo logre recibe el punto.

"¿Qué sucedió luego?": Esta puede hacerse con cualquier clip de cualquier película. Pasas un pedacito de la película que sea de acción y la paras justo cuando venía la respuesta a esa acción. Por ejemplo, en una película de horror el actor entra en la casa, está oscura y hay música de suspense, va abriendo la puerta y... lo paras. "¿Qué sucedió?", sería la pregunta, y el equipo que se aproxime más a la escena es el ganador del punto.

IDEA #137

Este es un juego que no requiere tanta preparación y es mejor con películas clásicas. Pasa un clip conocido (o no) que dure unos cuantos segundos: alguien bajando una escalera, una charla en una cocina, o algo parecido. Entonces realiza una serie de preguntas como "¿Cuántas ventanas había detrás del actor?" "¿Qué llevaba puesto la vecina que golpeó la puerta?" "¿Cómo era el cuadro que había en la pared de la escalera?" "¿Qué estaba cocinando?" Etc. Este juego es muy divertido y les fascinará.

IDEA #138

Si tienes la posibilidad de proyectar desde una computadora, también tienes la opción de hacer diferentes juegos con PowerPoint. Juegos de preguntas y respuestas, de completar la frase o averiguar la opción correcta, por ejemplo.

IDEA #139

Con un poco de tiempo y dedicación puedes pedirles a algunos de tus chicos que unas semanas antes te ayuden a encuestar a los adultos de la congregación. Las preguntas deben ser de este tipo: ¿Qué cosas se hacen en la ducha? ¿Cuáles son los elementos más utilizados en la cocina? Cuando manejas por mucho tiempo, ¿qué otras cosas haces? ¿Qué cosas nunca faltan en la cartera de una mujer? En el momento de jugar, los equipos envían un representante, y si da la respuesta de la mayoría gana el mayor puntaje. Si su respuesta coincide con la minoría, se le entrega el menor puntaje. Así cada respuesta recibe un puntaje según su popularidad. El equipo que logre juntar más puntos es el ganador.

IDEA #140

Pídele a uno de tus chicos que durante varias reuniones saque fotos de diferentes partes del cuerpo de sus compañeros: una oreja, el dedo gordo del pie asomando por una sandalia, un codo, una palma de una mano, una rodilla, etc. (siempre siendo muy precavido de no ofender a nadie.) Durante la siguiente reunión pasa las fotos y los equipos deben reconocer de quién se trata. De la misma manera puedes jugar con fotos de cuando eran pequeños o bebés.

IDEA #141

Una forma de jugar es grabando la voz de diferentes personas de antemano. Un alumno, algunos padres, el pastor, el señor del mercado de la esquina (al que todos conocemos), el portero, la secretaria de la iglesia, etc. Graba preguntas que pueden distraerlos mientras tratan de adivinar de quién se trata. Preguntas como "¿No te pareció aburridísima la predicación del domingo?" "¿Has entendido algo del testimonio que dieron en la última reunión?" "¿Qué piensas del ujier que siempre nos hace callar a la entrada de la reunión y nos saca corriendo cuando termina?" Luego pasas las grabaciones de una en una, y los grupos deben averiguar de quién se trata. Si ninguno acierta vuelve a pasar la grabación.

IDEA #142

Pídele a tus jóvenes que se pongan en pareja con alguien que no conozcan muy bien (lo más probable es tengas que agruparlos con algún otro juego). Dales dos minutos para que se saluden y se cuenten un poquito qué les gusta hacer, a qué escuela van, cuántos hermanos tienen, qué películas les gusta ver, que hacen en su tiempo libre, etc.

Ahora que conocen un poco mejor a su compañero lo que quiero que hagan es que escriban una corta introducción, creativa y ridícula, de él o ella. Por ejemplo:

"Ella se llama Juana Martínez. Juana actualmente trabaja como inspectora de seguridad de una clínica para policías del crucero de Disney. Pero como acaba de terminar su doctorado en sociología, cree que todavía está a tiempo para operarse de la vista y encontrar así a sus socios que perdió en la última inversión que hicieron juntos al comprar un casino en la Antártica (ella puso el dinero). Todavía no se ha casado porque cree que es aburrido casarse a sí misma, y por eso está esperando que alguien más lo haga por ella. Su visión es el cigarrillo y la música grupera y ha

empezado a desarrollar su pasión por
el fútbol... americano. Su comida pre-
ferida se encuentra en la sección de
embutidos, todo lo que se embuche le
viene bien".

El nivel de creatividad que encontrarás en tus alumnos te sorprenderá (positiva y negativamente, pero de las dos maneras estamos contribuyendo a despertarla). Pídeles que las introducciones sean creativas pero no ofensivas.

Después de haber leído una de estas ridículas introducciones pídele al verdadero jugador que cuente algo de sí mismo que sea real. O pídele al mismo jugador que hizo la introducción que cuente lo que en verdad aprendió de su compañero.

Este rompehielos te dará muy buen resultado con jóvenes más grandes, ¡aunque los más chicos tienen una imaginación increíble! Pero con cualquier público con el que juegues lo que lograrás es que se mezclen, que se conozcan y que rompan el hielo de la timidez, del hablar en público y de hacer nuevos amigos. Puedes hablar de quién es Jesús y de qué dicen los demás acerca de quién es Él. Y plantearles la pregunta de Mateo 16:15 (Marcos 8:29, Lucas 9:20): "Y ustedes, ¿quién dicen que soy yo?" ¿Quién es Jesús para ti? Motívalos a que conozcan a Cristo por sí mismos por medio de una relación personal, no solo a través de las enseñanzas en la reunión. A continuación se ofrecen más juegos de este tipo.

IDEA #143

Primero coloca a todos los muchachos en el medio del salón y pídeles que se enlacen trabando entre sí brazos y piernas lo más fuerte que puedan (sin usar elementos externos como sogas ni cinturones) Entonces las chicas deberán tratar de separarlos uno a uno hasta que quede solo uno de ellos en el centro. Luego es el turno de las chicas. Risas garantizadas.

Por supuesto que para los varones será más fácil separar a las muchachas, (aunque algunas gritarán histéricamente y se prenderán a las demás como garrapatas).

Este juego te ayudará a mezclar a los jugadores, cooperarán como una unidad sin importar quién es quién. Y puedes utilizarlo para hablar de varios temas: estar firmes en nuestras convicciones y luchar por lo que creemos sin dejarnos vencer, la guerra que tenemos contra las tentaciones, contra fuerzas malignas, o cómo deberíamos pelear con todas nuestras fuerzas y pasión por aquello a lo cual fuimos llamados.

IDEA #144

Haz varios equipos pequeños, y que cada equipo envíe un representante que deberá escribir en un papel algo que haya hecho y que nadie sepa, quizás algo que le pasó de chico, quizás vergonzoso, quizás algo que le gusta hacer cuando está a solas, algo que sea personal y real. Después de eso, todos los participantes entregan su papel, (con el nombre). Tú lees el primer papel (sin dar nombres), y los equipos deben adivinar quién contó eso, anotando sus respuestas en un papel aparte. Luego lees el segundo papel, y así sucesivamente los equipos van votando. Al terminar con todos los participantes los equipos entregan sus respuestas, se revela quién dijo qué y el equipo que haya tenido más aciertos es el ganador. A los adolescentes les encantará este juego, porque tienen necesidad de identificarse, de darse a conocer y de conocer a los demás. Verás que todos ponen atención, y dos o tres rondas más te asegurarán diversión.

IDEA #145

Si tienes posibilidad de filmar, toma a uno de tus chicos o chicas, de esos que son bien despiertos y no les da vergüenza hablar con la gente por la calle y envíalo/a a hacer preguntas como: "¿Qué significa para ti la palabra...?" (alguna palabra rara del diccionario) o "¿Quién es este personaje de la foto?" Y muestras la foto de algún político o personaje famoso, o "La frase 'más vale pájaro en mano que mil volando', ¿qué quiere decir?" Entonces haces una pausa y los grupos deben decidir si esta persona responde bien o mal. Debes grabar a varias personas de diferente edad, clase social y apariencia. También lo puedes hacer con los miembros de la iglesia.

IDEA #146

Algunas veces querrás que tus jóvenes pasen un tiempo de tranquilidad jugando después de la reunión, quizás tomando algún refresco o algo caliente si es invierno. Pídeles a los chicos que traigan su juego de mesa favorito (cartas, ludomatic, uno, ajedrez). Prepara varias mesas con los diferentes juegos (o en el suelo) y pídeles que se dividan según el juego que más les interese. Después de unos cuantos minutos jugando a lo mismo pídeles que se reagrupen y elijan otro tipo de juego. Ten a mano música suave, algún vídeo para aquellos a quienes no les gusten los juegos de mesa, y prepara a tus líderes para que estén atentos a acercarse a aquellos que estén solos, aburridos o no conozcan a los demás. Este será un buen tiempo para compartir charlas significativas, así como para enseñarles a tus chicos a pasar un tiempo tranquilo entre verdaderos amigos.

IDEA #147

Si tienes un grupo pequeño, coloca a todos en la misma ronda; si tu grupo es grande, divídelos en grupos más chicos. Lo único que necesitas es una botella de gaseosa. Los participantes de cada grupo deben sentarse en el piso formando un círculo. La botella se coloca en el centro, acostada (o volteada). El primer jugador (cualquiera) gira la botella y cuando esta se detenga, el jugador a quien apunte debe decirle algo positivo -un cumplido- al jugador que giró la botella. Si apunta a sí mismo, tiene que destacar algo que le guste de su propio ser. El cumplido puede ser físico, espiritual, material, del carácter, de su trabajo, de lo que sea, pero positivo. Este juego es un buen integrador.

IDEA #148

Escribe de antemano muchos papelitos con expresiones como: "Mujer que vio un ratón", "Niño tomando medicina fea", "Jugando al polo", "Gato que se cruzó con un perro", etc. Divide luego al grupo en varios equipos. Cada equipo debe enviar a un representante por ronda. A estos jugadores se les pedirá que se coloquen de espaldas al público, uno al lado del otro. La consigna es para todos la misma, uno de ellos saca uno de los papelitos, todos los participantes lo leen y a la cuenta de tres se dan vuelta y deben representar lo que decía el papel. El equipo que adivine primero lo que su compañero está representando es el ganador del punto. Si dos o más equipos adivinan al mismo tiempo se saca otro papel. Ten siempre a mano a uno o dos líderes que hagan de jueces.

IDEA #149

Divide al grupo en equipos. Cada uno debe elegir al jugador más pequeño y flaquito para la próxima tarea. A la señal deben una por una vestir al jugador con la mayor cantidad de ropa posible. No importa lo que le pongan; pueden ser complementos, chaquetas, camisas, pantalones, cinturones, carteras... etc. Déjalos que ellos se den cuenta de esto, solo diles que le pongan la mayor cantidad de cosas posibles. Todas las prendas deben ser correctamente ubicadas. El jugador que logre tener la mayor cantidad de prendas será el ganador y por ende su equipo recibe los puntos.

IDEA #150

Corta los juegos cuando estén en su éxtasis, no cuando no den para más. Muchos acostumbran a dejar que sus actividades más exitosas continúen hasta el hartazgo, y con eso consiguen quemarla y que nadie más quiera tener nada que ver con ella. Para darle larga vida a un juego lo mejor es cambiarlo cuando esté en la cima y no cuando ya está en declive.

5

IDEAS PARA JUEGOS EN LUGARES GRANDES Y ABIERTOS

Estas ideas son para excursiones o para realizar en espacios abiertos como parques, centros de campamentos, o simplemente un lugar grande en el que celebrar las reuniones. Algunas son ideales para la playa o para cualquier encuentro deportivo.

IDEA #151

Para jugar en espacios abiertos tienes que tener sea como sea diferentes tipos de pelotas y otros materiales importantes como redes y sogas; otro buen aliado son los conos de colores brillantes, anillos o aros, y

las bombas de agua. Por eso, si no tienes presupuesto para comprarlos, pídeles a los padres que te donen algunos de ellos, pero que nunca te falte material para jugar.

Con estos elementos podrás agregarle a los deportes tradicionales sus variaciones, e inventar nuevos juegos con una mezcla de deportes cuando tengas ganas.

IDEA #152

Es muy posible que te encuentres con algunos chicos y chicas que no quieran correr (sobre todo aquellos con sobrepeso), antes de que se sientan ofendidos o humillados delante de todos por no poder desarrollar la tarea bien, aquí tienes una idea de qué hacer con ellos. Si te dicen que no quieren jugar, pídeles que te ayuden con el arbitraje, el puntaje, siendo jueces de línea, que repartan el material, que expliquen las reglas, etc. Siempre hay alguna tarea que pueden desarrollar con mejor disposición y ganas. Y si alguna chica te insiste con que "Nooooo, acá estoy bien", no insistas, algunas mujeres prefieren mirar y... mirar.

IDEA #153

Los lugares abiertos y grandes pero no gigantes te dan una buena oportunidad de realizar juegos en la oscuridad. Utilizando luces y sonidos, por ejemplo, tus jóvenes pueden salir a la caza de algunos de los líderes que se encuentran escondidos por ahí con linternas y silbatos, ollas y otros objetos sonoros. No los envíes solos, siempre en grupos (no quieres salir a la caza de tus jóvenes, no sería tan divertido). Entrégale a cada equipo una lista de las "cosas" que tienen que buscar (luz azul, silbato, etc.) y el equipo que llega primero con todo es el ganador.

IDEA #154

Que nunca te falten buenas carreras con música movida de fondo. Aquí tienes varios tipos de carreras: de ir y venir, solo de ir, de llegar a una meta todo el equipo completo, de llegar solo uno; con tiempo, sin tiempo pero con una meta, en parejas; alzando a alguien o algo; con algo entre las piernas, o encima de la cabeza, alrededor de la cintura, en la boca, etc.; en cualquier posición, corriendo, arrastrándose, saltando, o una mezcla de todos estos; con los ojos vendados; con los pies atados un solo jugador o atando a más de uno. Otras posibilidades son: con agua, globos, cintas, sillas, prendas de ropa, maquillaje, broches de ropa, sogas, bolsas, bolos, pelotas, patines, rompecabezas, zapatos, o cualquier otro elemento, o ¡sin ninguno! Las posibilidades son infinitas, lo único que necesitas es un poco de imaginación. Si son rápidas, simples y no necesitan demasiado talento para su desempeño... ¡son perfectas!

IDEA #155

Es muy importante, para poder jugar en lugares amplios, que determines el área de juego. Especialmente que ya lo tengas predeterminado antes de pararte a explicar el juego. Los conos, banderas, bolsos, o personas ya deben estar ubicados en su lugar si quieres que te entiendan bien en el momento de la explicación.

Si no marcas el territorio, lo más probable es que se pierda mucho tiempo porque los jóvenes y adolescentes con tal de ganar son capaces de correr hasta el punto más lejano. Además, necesitas que te escuchen cuando das una orden o se cobra una falta (si aplica). Así también puedes mantener ocupados a esos chicos que nunca quieren jugar o que se aíslan. Diles que marquen ellos el terreno, que se ocupen del material y otras tareas, esto te ayudará a relajarte y a ellos a ser parte.

IDEA #156

Con el fútbol puedes crear una cantidad interminable de variantes. Pero la más popular entre los adolescentes es el fútbol en parejas: si, una chica y un chico de la mano, divididas las parejas en equipos, corren detrás de la pelota para que la chica anote un gol. Las reglas serán importantes: los varones solo anotan gol con la cabeza, las chicas de cualquier manera. Si se sueltan de la mano, pierden la pelota o el gol no se toma en cuenta. Los porteros o arqueros también deben estar en pareja y aprender a interceptar en pareja. Otra opción es tener cintas para que se aten.

IDEA #157

Ten en cuenta que para jugar en los lugares amplios, y especialmente los que son abiertos,

necesitarás explicar las reglas del juego mante-
niendo a los jugadores cercanos a ti si quieres que
te entiendan y no se aburran a los diez segundos.
Que los líderes que te ayudan siempre sean los
primeros en prestar atención, pero lo ideal sería
que ya conocieran el juego y pudieran responder
preguntas.

IDEA #158

Esconde huevos pintados de verde por todo el
campo, detrás de arbustos, entre las plantas, etc.
Entrégale una linterna a cada equipo y envíalos a
buscar huevos en la oscuridad. El equipo que más
huevos encuentre será el ganador. Te recomendamos
grupos de tres o cuatro, pero nunca parejas solas.

IDEA #159

Para jugar este juego en la oscuridad necesitarás una pistolita -o algo que arroje agua- para
cada jugador y como blanco, páginas de papel de
"pinta-con-agua" (esos que aparece el color
cuando los mojas) pegadas en la espalda de los
jugadores.

Cuando todos estén listos, dales unos minutos
para que se dispersen y escondan.

Determina los límites de la zona de guerra para
que el juego no pierda su dinámica. Y cuando
suene una bocina o silbato, comenzará la batalla.

Después de la guerra, esto es cuando suenes la
bocina o silbato nuevamente, todos deben reunirse para contar a los caídos. El pelotón derrotado

será aquel al que le hayan acertado más tiros. Los tiros serán bien reconocibles cuando veas las manchas en el papel a la luz.

Para identificar a los equipos puedes recortar el papel que deja ver los colores con formas distintas para cada equipo (ej. : unos un cuadrado, otros un círculo).

También es necesario que haya un lugar para recargar las pistolitas de agua.

IDEA #160

Divide al grupo en varios equipos, y prepara una posta o mini juego por equipo, que se jugarán en diferentes estaciones en el campo o área de juego.

Por ejemplo, si tienes ocho grupos de seis personas debes preparar ocho juegos diferentes, y cada uno de estos sería una estación. No tienen por qué ser complicados: bolos con globos con algo de agua sería la 1ª estación; saltar a la soga todos los participantes del mismo equipo entrando y saliendo de uno en uno sin que la soga se detenga, 2ª estación; baloncesto con los zapatos, 3ª estación, un laberinto de cinta en el suelo que deben caminar todos los jugadores uno a uno mirando el camino a través de un espejo (el que mira hacia abajo o pisa fuera de la línea vuelve a empezar), estación 4. Así cada una de las ocho estaciones. Necesitarás preparar unas planillas dándole el orden de las estaciones a cada grupo de manera que todos los grupos estén jugando al mismo tiempo sin repetir ni interponerse los equipos en las estaciones. En cada estación debe haber alguien que explique el juego. Y todas las estaciones deben comenzar y terminar de jugar con el sonido de un silbato. Cada juego o estación le da un puntaje al equipo y cuando se suman todos los puntos realizados, el de mayor puntaje es el ganador.

IDEA #161

Puedes modificar algunos típicos juegos de niños. Por ejemplo, el "huevo podrido": Los niños se sientan en círculo y todos miran hacia delante mientras otro camina alrededor de ellos (llamémoslo jugador A) con un "huevo podrido" -que puede ser cualquier pelota u objeto- y que deja detrás de algún jugador de los que están sentados (jugador B) sin que se dé cuenta... El resto del grupo le avisa, y cuando el jugador que está sentado (B) toma el objeto debe correr en dirección contraria al que antes caminaba y ahora está corriendo (A). El que llegue primero al lugar que dejó vacío "B" es el ganador, y el perdedor debe comenzar la secuencia nuevamente.

Este juego necesita mucho espacio para correr, sobre todo si tu grupo es grande; si es pequeño puedes abrir la ronda lo más posible y extender el área para correr. Esta es la versión antigua del juego. Tú puedes jugar a lo mismo con tus adolescentes en parejas. Una pareja camina fuera del círculo con el "huevo podrido", y lo deja detrás de otra pareja que deberá tomarlo y correr en dirección contraria para recuperar su lugar en la ronda. La pareja que pierda tres veces queda descalificada. Si tu grupo es reducido puedes jugar de forma individual. Más adelante encontrarás otras ideas para modificar juegos viejos.

IDEA #162

Divide al grupo en dos equipos y, como en el béisbol, uno se desparrama por el campo y el otro se alinea detrás del bateador, que en este caso será el pateador. Coloca una pelota de rugby o fútbol americano en el suelo y a la orden del silbato el jugador de turno patea la pelota lo más lejos que pueda. El equipo que está en el campo debe atraparla y devolverla a la posición del pateador. El chiste está en que el que patea, inmediatamente después de hacerlo, debe ponerse a dar vueltas alrededor de: una rueda, un tacho, un árbol, o con un bastón apoyando su frente en el mismo. Las vueltas se van sumando hasta que la pelota es traída hasta la base desde donde fue pateada. Así deben seguir pasando por turnos los jugadores del mismo equipo. Varios minutos después (2-5), los equipos cambian de función y el que logre anotar la mayor cantidad de vueltas es el ganador. También puedes poner las bases y hacer que los jugadores después de dar unas cuatro vueltas corran a la primera, segunda, tercera base y a la del bateador, contando cada entrada como un punto.

IDEA #163

El aire libre te ofrece la posibilidad de juegos y materiales que nunca se usan porque ensucian, ¡pero a los adolescentes les encantan! Guerra de crema de afeitar o crema común, bombas de agua con colorante lavable, barro, lodo de colores, engrudo (agua y harina), etc. son elementos que nunca se usan para jugar y "alocarse" controladamente en ningún lado. Por eso puedes preparar varias bombas de este estilo, jarros o algo que sirva para lanzar. Marca un cuadrado que sea el campo de juego. Coloca luego un equipo dentro del cuadrado y otro fuera. Primero el equipo por fuera tendrá el privilegio de "manchar" a los jugadores del equipo que están dentro. Solo tendrán tres minutos para manchar a la mayor cantidad posible de jugadores (si tienes más municiones puedes alargar el tiempo, pero debe haber la misma cantidad para cada equipo). Luego la revancha: cambian de función los equipos, y el equipo que estaba afuera, ahora debe esquivar los bombazos. Si algún miembro del equipo que está dentro del cuadrado logra atrapar la bomba con la mano sin que explote, tiene derecho a tirársela a alguien del equipo de afuera. Habrá quien no desee jugar; asegúrate de que todos respeten su deseo de no ser ensuciado.

IDEA #164

Divide al grupo en dos equipos, al igual que el campo de juego. Un grupo se llamará ABEJAS, y el otro, AVISPAS. Cada equipo se para en su parte del campo y escucha atentamente la voz del director. Cuando este grita: "¡Abejas!", las abejas persiguen a las avispas para tomarlas prisioneras. Cuando grita: "¡Avispas!", las avispas corren tras las abejas para apresarlas. Cualquiera de los dos equipos también puede tratar de liberar a sus compañeras abejas o avispas tocándolas y corriendo a su casa.

El chiste es el siguiente: Antes de que el director diga abejas o avispas, comenzará diciendo: "¡Aaaaaaaaaaaa...! Y todos los jugadores deben comenzar a caminar hacia delante, cruzando al campo del enemigo. No pueden parar de caminar mientras el director siga diciendo "¡Aaaaaaaaaaaa...!" Cuando estén bien mezcladas el director se decidirá por avispas o abejas, gritándolo bien fuerte: "¡Avispas!". Entonces las abejas deberán correr a la línea final de su campo de juego sin ser tocadas por las avispas para estar a salvo. Si una avispa atrapa a una abeja la llevará a la línea final de las avispas, donde estará la "cárcel". Y nuevamente comienza el canto: "¡Aaaaaaa...!" Y todas las avispas y abejas deben cruzar al campo contrario y repetir la situación. El director puede repetir "abejas" o "avispas" la cantidad de veces que quiera. Unos quince minutos después, el equipo que haya atrapado a más contrincantes será el ganador.

IDEA #165

El objetivo del juego es que los jugadores logren anotarle un gol al equipo contrario, pegándole a una pelota de goma con una funda de almohada llena de papel de diario u otro material liviano. Divide al grupo en dos, mantenlos a los lados de la cancha de juego, fuera del mismo y déjalos que seleccionen a tres de sus compañeros para comenzar el juego. Detrás de cada arco se encontrarán las tres almohadas (para cada equipo, así que son seis en total) y la pelota en el centro. Al sonar el silbato los jugadores deberán correr para agarrar las almohadas e intentar anotar un gol (solo con las almohadas; no se puede patear ni tocar con ninguna parte del cuerpo) y solo se puede interceptar un gol bloqueando la pelota con la almohada. El que toque la pelota con el cuerpo le acredita automáticamente el punto al equipo contrario. Al lograr el gol, los jugadores de cada equipo rotan con tres jugadores nuevos. Asegúrate de que participen todos.

Lo divertido del juego es la dificultad para golpear la pelota; se requiere mucha fuerza, y ni siquiera se sabe con seguridad si se le pegó o no.

Puedes hacerlo con más cantidad de almohadas, siempre que sea parejo el número de jugadores por equipo. Conviene que las dimensiones del campo de juego sean reducidas, así será más ágil y divertido. Puedes utilizar una cantidad infinita de variantes para la almohada: escobas, palos de árboles, palos de jockey, palos de golf, calcetines rellenos, globos, etc.

IDEA #166

Para este juego hacen falta cuatro equipos del mismo tamaño. Cada equipo se coloca en una de las cuatro esquinas de un gran cuadrado o rectángulo. El tamaño de la cancha debe adecuarse al tamaño de tu grupo. A la señal indicada, cada equipo intentará dirigirse tan rápido como sea posible a la esquina directamente opuesta a la de ellos en diagonal. Para la primera vuelta es mejor empezar con una simple carrera, pero después el líder podrá empezar a pedir distintas dificultades o consignas que los participantes deben hacer mientras van de un lugar a otro. Las posibles consigan son muchas: saltar a la pata coja, hacer carretillas de dos en dos, cangrejos en cuatro patas, caballito, marcha atrás y rodando, entre otras. La gran diversión es cuando los cuatro equipos se cruzan (se pueden escuchar choques casi frontales y toda broma). Gana el primer equipo que llega a tener a todos sus participantes del lado opuesto. O pierde el equipo que llega completo último y a las tres veces que pierde recibe un castigo. Con este tipo de estructura puedes armar muchas variantes: todos los jugadores reciben una cinta de color y cuando se cruzan deben robárselas unos a otros. Los jugadores que pierden la cinta quedan descalificados. Al final entregas puntos al que llega primero, al que tiene más jugadores al final del juego y al equipo que más cintas haya reunido.

IDEA #167

Para este juego necesitas una sábana por equipo y una o dos pelotas. Divide al grupo en equipos, entrégale a cada uno una de las sábanas y comienza el juego solo con una pelota hasta que tengan práctica. Los jugadores deben colocarse alrededor de la sábana extendida y mantenerla en tensión. El equipo que comienza el juego coloca la pelota en el centro de la sábana y, coordinando el movimiento, la lanza hacia otro equipo, a cualquiera que sea. El equipo que está más próximo a la dirección donde va la pelota es responsable de atraparla y volverla a lanzar con un mismo movimiento coordinado. Si no logran atrapar la pelota, si esta se cae o necesitan detener el movimiento para poder coordinar el lanzamiento, el equipo pierde un punto. A las tres veces de perder se les otorga un castigo. Acuérdate de que al principio van a necesitar algo de práctica. Este juego puede realizarse en la oscuridad con pelotas fluorescentes. Agrégale dificultad soltando más pelotas.

IDEA #168

Divide al grupo en dos equipos. Coloca tres mesas, una para cada equipo, en extremos opuestos de la cancha y una en el centro. En las mesas designadas para los equipos debe haber un papel y un lápiz, y en la mesa del centro un mensaje escrito con símbolos. Cada equipo solo recibirá el significado de cuatro símbolos (por ejemplo: A = A; D= D; S= S; M = M.) De ahí en adelante deberán descubrir todo el mensaje. Para saber qué dice el mensaje, los jugadores de cada equipo deben correr hacia la mesa del centro y tratar de recordar los símbolos para copiarlos en su papel, en su mesa, y descifrarlo. Esta mesa debe tener un círculo marcado alrededor, una vez que el jugador está dentro nadie puede tocarlo ni molestarlo. Además, cada jugador debe atarse a la cintura un globo inflado que será su permiso para entrar al círculo donde está la mesa del mensaje. La manera de detener al equipo contrario es descalificando a sus jugadores reventándoles el globo. Pero con eso no quedan totalmente fuera de juego, porque aquellos que no tienen globo todavía pueden tratar de descifrar el mensaje. En el círculo solo pueden entrar tres jugadores de cada equipo al mismo tiempo y deben salir en menos de cinco segundos. El equipo que antes logre descifrar el mensaje es el ganador.

IDEA #169

Divide al grupo en equipos de cinco a diez jugadores, según la cantidad de personas que tengas. Cada equipo debe formarse tomándose de la cintura o de los hombros o entrelazando los codos. El último de la fila es "el trasero" y llevará en su cintura una tira de tres metros de papel de un color específico. El primer jugador es "la garra", y su función será robarle la tira de papel al resto de los equipos. Ningún equipo puede separarse o romper fila. Si lo hacen en el momento de robarle el trasero a algún otro equipo, no se cuenta y deben alejarse los dos equipos. Pueden enrollarse, sentarse, correr, atacar o defender, pero siempre deben estar juntos y proteger a su trasero como puedan. Cuando le roban el trasero quedan descalificados y fuera de juego. El equipo que logra permanecer con su trasero puesto, es el ganador.

IDEA #170

Divide al grupo en dos equipos. Un equipo comienza tomando su posición en el terreno, y el otro alineado en un extremo de la cancha. Todo el equipo del terreno de juego debe desparramarse de forma tal que cubran la mayor cantidad de espacio posible sin estar tan separados; no se podrán mover de su lugar por el resto del juego, serán "las bombas". El otro equipo se dividirá en parejas, y mientras uno de los dos se cubre los ojos y comienza a atravesar el campo minado de enemigos, su pareja lo deberá guiar hasta el otro lado sin que le toquen "las bombas" Solo podrá gritar instrucciones. Los jugadores que están en el campo, las bombas, deben tratar de tocar a los jugadores que intentan atravesar su campo; pueden estirarse, girar, gritar instrucciones que confundan, sentarse o permanecer de pie, pero no pueden moverse de su sitio. Cuando los vendados llegan al extremo opuesto de la cancha deberán ayudar a los que quedaron del otro lado a cruzar con los ojos vendados. Los que son tocados en el intento de cruzar son eliminados. Luego los equipos cambian de función, y el ganador será el que logre pasar al otro lado con la mayor cantidad de jugadores.

IDEAS PARA SESIONES CON PELÍCULAS

¿Que te parece la idea de invitar a Mel Gibson a tu reunión? La noticia es que sí puedes hacer que Mel participe de tu reunión. ¿Sería interesante? Eso depende de cómo lo hagas, pero lo más probable es que sí. El cine está cargado de escenas que pueden ser útiles para discutir, para resaltar una verdad o para destacar lo que el mundo les está diciendo a los jóvenes respecto a algo que debemos rebatir. Hoy vivimos en una era visual, y obviamente eso hace que muchas veces baste con una imagen para resaltar lo que queremos enseñar. Así que, hazte de un televisor o un reproductor de vídeos o de DVDs., y aquí tienes algunas ideas para clases o mensajes con películas.

IDEA #171

"Forrest Gump" (Tom Hanks)

¿Cuánto arriesgarías por un buen amigo?

Clip: (2 minutos)   Comienza: 1:41:46
Termina: 1:43:21

Forrest cuenta cómo creció el negocio de los camarones, tanto que nunca tuvo que volver a preocuparse por el dinero. Donó la mayoría del dinero, e inclusive le dio la parte que le correspondía a la familia de Bubba. La fidelidad de Forrest hacia Bubba superaba todo egoísmo.

La Biblia: 1 Samuel 18:1-4; 20:41-41; Lucas 5:17-26; Filipenses 1:20; 1 Juan 3:16-18.

¿Por qué es importante tener buenos amigos?

¿Cuánto estás dispuesto a arriesgar por un amigo?

¿Cuánto crees que arriesgarían por ti tus amigos?

¿Cómo se crea y cuida una amistad como la de Forrest y Bubba?

IDEA #172

"Titanic" (Leonardo Di Caprio, Kate Winslet)

¿Te rendirás ante lo que parece estar perdido?

Clip: (2 minutos)   Comienza: segundo vídeo 1:04:26

Termina: 1:05:54

Después de que encallara el gigantesco Titanic, solo una porción de los pasajeros logran ocupar los botes salvavidas. Uno de los marineros del barco decide que no puede olvidarse de todas aquellas personas que han sido dejadas atrás y sale a buscar supervivientes. A medida que el bote avanza entre miles de cuerpos congelados, varios pasajeros son encontrados con vida en agonía y desesperación.

La Biblia: 2 Corintios 6:2; Hechos 1:8; Lucas 15:3-10.

¿Cómo se relaciona esta escena de la película *Titanic* con las almas perdidas del mundo?

En Lucas 15, ¿qué enseña Jesús acerca de aquello de valor que se pierde? ¿Y qué de cuando se encuentra? ¿Cuál es el punto al que quiere llegar Jesús?

¿Alguna vez es "demasiado tarde" para recibir la salvación de Jesús? ¿Por qué?

IDEA #173

"28 días" (Sandra Bullock)

Enfrentando situaciones difíciles.

Clip: (3 minutos)   Comienza: 0:27:36

Termina: 0:30:55

El consejero está hablando de su pasado y de los síntomas que se sufren durante la recuperación. Gwen está pasando justamente por estos síntomas, cuando trata de recuperar las pastillas que antes tiró por la ventana y cae de un tercer piso tratando de atraparlas. Ahora además debe pasar por el dolor de la pierna rota sin poder tomar calmantes.

La Biblia: Juan 10:10, Romanos13:13, Gálatas 5:19-21, Efesios 5:18.

¿Por qué las personas comienzan a usar drogas y alcohol? ¿Por qué siguen usándolas o abusando de ellas cuando conocen las consecuencias?

Además del alcohol y las drogas, ¿qué otros comportamientos destructivos conoces?

¿Cuáles son los caminos para escapar de estos comportamientos?

¿Cómo se puede ayudar a estas personas?

¿Cómo se puede mantener alejado de estos comportamientos alguien que tiene muchos problemas?

IDEA #174

"Austin Powers: Misterioso Agente Internacional" (Mike Myers)

Padres e hijos

Clip: (2 minutos)   Comienza: 0:52:20

Termina: 0:54:10

El Dr. Evil y su hijo Scott solo han pasado cinco días juntos y ya tienen muchísimos problemas. El Dr. Evil ha planeado varias ideas maléficas y desea que su hijo las lleve a cabo, pero su hijo no tiene interés en conquistar el mundo. Juntos concurren a clases de autoayuda para entenderse. Pero a medida que todos comienzan a compartir es obvio que el Dr. Evil no quiere escuchar lo que su hijo desea decirle.

La Biblia: Mateo 5:43-47; 15:4; Lucas 11:11-13; Romanos 15:5-7.

¿Alguna vez tus padres no te han escuchado? ¿Cómo te hizo sentir eso? ¿Qué podrías hacer para asegurarte de que la próxima vez te escuchen y te entiendan?

¿Qué esperas de tus padres? ¿Qué esperan ellos de ti?

¿Qué cosas de tus padres no quieres repetir con tus hijos? ¿Qué cosas admiras de tus padres?

¿Qué significa Mateo 15:4? ¿Cuándo es más difícil honrar a los padres?

IDEA #175

"Edtv" (Matthew McConaughey)

¿Cuánto deseas exponer tu vida?

Clip: (3 minutos)   Comienza: 1:37:05

Termina: 1:40:02

La posición de Ed pierde credibilidad popular cuando comienza a tener problemas con su familia, su trabajo y su novia, debidos al estilo de vida que eligió. Luego los ejecutivos del programa deciden extender el contrato, y entonces Ed se da cuenta de que no saldrá ileso de esta situación. ¿Encontrará la manera de recuperar su privacidad y salvar sus relaciones que han sido puestas a prueba por Edtv?

La Biblia: Job 13:9; Salmos 49:16-20; 103:15-16; 139:7-12; Proverbios 5:21-23; Marcos 8:34; 12:30; Lucas 12:15-21; 16:15; Santiago 4:4.

Describe las ventajas e inconvenientes que conlleva ser famoso. ¿Te gustaría serlo?

Lee: Salmos 49:16-20; 103:15-16; Marcos 8:34; 12:30; Lucas 12:15-21; 16:15 y Santiago 4:4. ¿Qué dice la Biblia acerca de buscar la fama, fortuna y popularidad?

¿Permitirías que una cámara de TV te siguiera las veinticuatro horas del día? ¿Por qué?

Si una cámara te estuviera filmando todo el tiempo, ¿qué vería la gente?

¿Cómo impacta tu vida el hecho de saber que Dios nos está mirando y conoce todos nuestros movimientos? Salmos 139:7-12; Proverbios 5:21-23 y Lucas 16:15.

IDEA #176

"Un papá genial" (Adam Sandler)

¿Qué malas costumbres aprendimos de nuestros padres?

Clip: (1 minuto)   Comienza: 0:30:20
                   Termina: 0:37:22

Sonny está hablándole a Julián acerca de cómo muchas veces los padres decepcionan a sus hijos, cómo su papá todavía le trata de decir qué hacer y qué no hacer aunque él ya es adulto, y le promete que él no va a tratar de controlarlo. De hecho le va a dar a Julián toda la libertad que quiera, incluso la de escoger su propio nombre: ¡Frankenstein!

La Biblia: Levítico 26:40-42, 1 Reyes 15:3; Jeremías 11:9-10; Ezequiel 18:19-20.

¿Por qué Sonny decide dejarle hacer a Julián todo lo que quiera? ¿Cuál es el problema de esa decisión? ¿Por qué no actúan así todos los padres?

¿Cuáles son las responsabilidades de un padre? ¿Qué pasa cuando los padres no las cumplen?

En la escala del 1 (no tengo ninguna relación) al 100 (somos excelentes amigos), ¿en qué punto te encuentras con tus padres? ¿Cómo podrías mejorar tu relación con ellos?

¿Qué te viene a la mente cuando escuchas la palabra "papá"?

IDEA # 177

"Corazón Valiente" (Mel Gibson)

¿Estás dispuesto a morir por tus creencias?

Clip: (10 minutos)   Comienza: Segundo vídeo 0:53:08
                       Termina: 1:03:13

Wallace está esperando su ejecución. A solas en su celda ora por fuerzas para enfrentar la muerte. Sabe que puede

recibir "misericordia", una ejecución rápida, si se postra y confiesa una alianza con el rey de Inglaterra. Wallace se niega a inclinarse ante la corona inglesa, por lo que es torturado tan brutalmente que hasta la multitud comienza a pedir misericordia a gritos. Con una exhalación final, Wallace muere gritando: "¡Libertad!", recordándole a la muchedumbre que su muerte no será en vano.

La Biblia: Éxodo 20:5-6; Mateo 4:8-10.

¿Por qué Wallace no peleó cuando lo llevaban a ejecutar?

¿Qué hizo cambiar de opinión al público que antes quería su ejecución y después pedía misericordia?

¿Estarías dispuesto a sufrir como Wallace por tus creencias y convicciones?

¿Qué personajes bíblicos fueron ejecutados por su fe (además de Jesús)?

IDEA #178

"Parque Jurásico" (San Neill y Laura Dern)

¿Te has sentido atrapado por los pecados del pasado?

Clip: (3 minutos)   Comienza: 1:15:42

Termina: 1:18:07

En la escena Tim, el nieto del millonario Hammond's, ha quedado atrapado en un auto de turismo que cuelga de la copa de varios árboles. Alan trata de rescatarlo, pero Tim está tan asustado que no puede ni moverse. Alan sabe que la única manera de sobrevivir es saliendo urgentemente del auto, y espera que Tim aproveche la última oportunidad que tiene para salir antes de que las ramas de los árboles se quiebren y caigan al vacío.

La Biblia: 2 Crónicas 20:9, Salmo 103:8-14; Ezequiel 18:21-23; Santiago 1:2-4,12; 1 Juan 1:9.

¿Por qué todavía duelen en el presente algunas situaciones que se dieron hace tanto tiempo?

Según los versículos, ¿qué aprendemos del perdón y de cómo actúa Dios frente al pecado?

¿Por qué Dios no nos contesta siempre nuestras oraciones o nos salva de cometer ciertos errores? ¿Tienen algún propósito positivo dichos errores?

IDEA #149

"Mulán"

¿Qué cosas te ayudan a levantar tu autoestima?

Clip: (2 minutos)   Comienza: 1:01:58

Termina: 1:04:08

Cuando el regimiento la abandona en las montañas, Mulán admite que formó parte del ejército sin ninguna intención honrosa, que simplemente quería probar que ella podía hacer algo que valiera la pena. Al final se sentía peor que antes. Mushu trata de confortarla, confesándole que él también es un fraude. Sin importar las intenciones, ya es hora de volver a casa y enfrentar las consecuencias de sus actos. Mushu le promete a Mulán que lo harán juntos.

La Biblia: Salmo 34:17-18; Proverbios 3:21-26; Lucas 15:11-24; Hebreos 12:7-11; Apocalipsis 3:19.

Al fallar en una sola cosa, Mulán se olvidó de todas las cosas buenas que logró mientras estaba en el ejército. ¿Por qué olvidamos todas las cosas buenas cuando nos sentimos tristes y cabizbajos?

En la escala del 1 al 10, ¿hasta qué punto te resulta difícil encarar a tus padres cuando algo salió mal? ¿Por qué?

¿Con quién hablas más seguido cuando te sientes triste? ¿Cuál es la mejor manera de levantarte el ánimo?

IDEA #179

"Matrix" (Keanu Reeves)

¿Estás dispuesto a vivir una vida realmente abundante?

Clip: (4 minutos)   Comienza: 0:25:23

Termina: 0:29:40

Tomás debe decidir si aceptar o no la verdad y todo lo que esta conlleva. Morfeo le da a elegir entre dos pastillas, una roja y una azul. La azul le permite regresar a la vida "normal", pero la pastilla roja le otorgará la habilidad de ver la realidad como es de verdad, llena de aventura y riesgo. ¿Elegirá Tomás el confort de su vieja vida, o una vida nueva y abundante?

La Biblia: Juan 15:18-19; Romanos 12:1-2;1 Corintios 3:18-20; 2 Corintios 10:3-4; Santiago 4:4; 1 Pedro 2:11-17; 1 Juan 2:15-17.

Si Dios te ofreciera la píldora roja, ¿cómo imaginas que sería la nueva vida? ¿Existe en la tierra o solo en el cielo?

Describe alguna situación en la que no seguiste a los demás y tomaste tu propio camino ¿Te han tratado de forma diferente por eso?

¿Cuáles son las cosas que más comúnmente tenemos que dejar para no olvidarnos de quienes somos realmente?

IDEA #180

"Misión imposible 2" (Tom Cruise)

¿Crees en el amor a primera vista?

Clip: (1 minutos)   Comienza: 0:11:00

Termina: 0:12:07

Ethan le sigue la pista a Nyah hasta una fiesta de empresarios ricos. Cuando los dos cruzan la vista desde cada extremo del salón, ninguno está dispuesto a apartar la mirada del otro. A medida que los bailarines de flamenco dan vueltas alrededor del salón bailando con sus coloridos vestidos y entreteniendo al público, Ethan y Nyah realizan su propio baile.

La Biblia: Mateo 5:28; Romanos 13:13-14; Efesios 4:18-19; 5:3-7; Colosenses 3:1-5.

¿Hasta qué punto te parece real el amor que se describe en las películas?

¿Para ti las películas contienen demasiado sexo, poco sexo, o la cantidad apropiada de escenas sexuales según el tema que tocan?

Algunos dicen que el romanticismo comienza con la atracción física, explica por qué estás o no de acuerdo con esta afirmación.

¿Cuáles son los problemas de una relación puramente física?

IDEA #181

"Patch Adams" (Robin Williams)

Alcanzando sueños

Clip: (4 minutos)   Comienza: 1:39:01

Termina: 1:43:31

Patch es acusado de ejercer como médico sin licencia, y para graduarse debe defenderse a sí mismo ante el comité de médicos del estado. Patch condena a la universidad por enseñarles a los doctores a mantenerse a distancia de sus pacientes. Él cree que la muerte hay que tratarla con humor y dignidad, y que la misión del doctor debería ser mejorar la calidad de la vida que le queda al paciente. Patch desafía al comité, diciéndole que cuando un médico trata una enfermedad pierde o gana, pero si trata con una persona siempre gana, sin importar los resultados finales.

La Biblia: Salmo 1:26, Proverbios 14:13; 17:22; Eclesiastés 3:1-8; 12-13; Lucas 6:21; Romanos 12:1, 1 Pedro 3:8.

A pesar de las consecuencias, Patch hizo lo que creía correcto. ¿Alguna vez te ha pasado lo mismo? Cuéntanos tu experiencia.

¿Cómo podemos ayudar a alguien, o alguien nos puede ayudar a nosotros a alcanzar nuestros sueños?

¿De qué maneras, conciente o inconscientemente, desalentamos o somos desalentados a alcanzar esos sueños?

IDEA #182

"La tormenta perfecta" (George Clooney)

Cuando las tormentas de la vida te quieren hundir.

Clip: (2 minutos)   Comienza: 1:50:14

Termina: 1:52:17

El capitán Billy Tyne y su ayudante Bobby Shatford tratan de mantener el barco lejos de las terribles olas, manteniéndolo en las aguas seguras. Cuando parece que lo peor ya ha pasado, el cielo se llena de nubes. Al final el bote debe remontar una ola tan gigante que los hombres se preguntan si tiene sentido pelear contra la marea para salvar el barco y sus vidas.

La Biblia: Job 36:15; Salmo 40:1-5; 11:17; Proverbios 27:17; Isaías 30:18-21; Lucas 8:22-25.

¿Has pasado por alguna tormenta tan dura en tu vida? Si quieres contárnosla...

¿Dónde estaba Dios en esa tempestad? Lee los versículos. ¿Cómo puede llegar a cambiar tu respuesta por conocer estos versículos?

Describe el papel de otras personas que te ayudaron a pasar la tormenta y salir a salvo. ¿Alguna vez recurriste a la ayuda de alguien?

IDEA #183

"El príncipe de Egipto"

¿Qué te impide ser todo lo que Dios te ha creado para ser?

Clip: (5 minutos)   Comienza: 0:42:47

Termina: 0:47:47

Utilizando una zarza ardiente, Dios llama la atención de Moisés y le ordena liderar a los israelitas hacia la libertad de la tierra prometida. Al principio Moisés no puede creer que Dios le esté hablando a él, pero cuando Dios se da a conocer, Moisés lucha para creer que es a él a quién Dios mismo está llamando para liberar a los israelitas. ¿No hay nadie mejor preparado para hacer este trabajo?

La Biblia: Mateo 22:29-32; 24:36-51; Hechos 26:8; Romanos 8:10-11; 10:8-13; 1 Corintios 15:35-44; 2 Timoteo 1:7-10.

Si Dios quisiera obtener tu atención hoy en día ¿qué debería hacer?

¿Alguna vez has escuchado la voz de Dios? ¿Cómo te diste cuenta de que era Dios quien te hablaba? ¿De qué maneras nos habla Dios?

¿En qué áreas de la vida nos cuesta confiar en el Señor?

IDEA #184

"Toy Story 2"

¿Vale la pena pagar las consecuencias de un pecado?

Clip: (2 minutos)   Comienza: 0:15:02

Termina: 0:17:23

Woody cae accidentalmente al patio de la casa de los vecinos. Al lo ve y lo quiere comprar; la mamá de Andy se niega a vender a Woody. Al roba el muñeco, y Buzz y todos los amigos de Woody lo ven, pero ya es demasiado tarde para ayudar.

La Biblia: Éxodo 20:1-17; Deuteronomio 5:6-22; Mateo 6:19-21; 24; Lucas 16:1-13; Efesios 4:28.

Sin la ayuda de la Biblia, menciona los diez mandamientos. Ahora puedes leer el pasaje de Deuteronomio y comprobar si están bien. ¿Cuál es el más fácil de cumplir y cuál el más difícil?

¿Hay alguna situación en la que robar (o algún otro pecado) sea aceptable? Comenta esto.

¿Qué quiso decir Jesús con la parábola de Lucas 16?

IDEA #185

"El rey león"

¿Hay alguna buena razón por la que respetar las reglas?

Clip: (7 minutos)   Comienza: 0:29:10

Termina: 0:35:33

Simba y Lana se preguntan qué habría en el cementerio de elefantes, y aunque queda fuera de su territorio se lanzan en desobediencia a la aventura. La aventura se convierte en terror cuando son atacados por tres hienas hambrientas. Por suerte, el papá de Simba, el rey Mufasa, los rescata. A pesar del enojo de Mufasa por la desobediencia de Simba, confiesa que su peor miedo era la idea de perder a su hijo.

La Biblia: 1 Juan 2:3-6; Efesios 6:1-3.

¿Alguna vez te has encontrado en una situación difícil o peligrosa por haber desobedecido una orden?

¿Qué significa para ti "honra a tu padre y a tu madre"?

¿Alguna vez te dejaste convencer por alguien para hacer algo de lo que luego tuviste que arrepentirte? ¿Qué aprendiste?

IDEA #186

"Hombres de negro" (Tommy Lee Jones y Will Smith)

¿Quién soy yo para que Dios me amara a mí?

Clip: (2 minutos)   Comienza: 1:11:48

Termina: 1:13:19

Jay y Kay se encuentran en una carrera deses-
perada por recuperar la galaxia perdida. Buscando
información, los hombres de negro interrogan a un
extraterrestre (disfrazado de perro), quien con
mucha astucia resalta las limitaciones que Jay y
Kay tienen para entender la magnitud del universo.

La Biblia: Job 42:2-3; Efesios 3:17-19.

¿Por qué crees que Dios no nos ha revelado
todas las cosas?

¿Cómo te sientes al compararte con las galaxias?

Considerando la cantidad de constelaciones y
mega galaxias que existen, ¿cómo crees que es
de grande Dios?

Según el versículo de Efesios 3:1, describe el
amor de Dios con tus propias palabras.

IDEA #187

"El club de los poetas muertos" (Robin
Williams)

¿Cuál será tu legado?

Clip: (5 minutos)   Comienza: 0:14:00
                       Termina: 0:18:22

El maestro Keating ha juntado a su clase en el
pasillo de la escuela. Les pide que miren las fotos
de los alumnos anteriores que están en la vidrie-

ra: todas son fotos de alumnos que parecen invencibles, estudiantes llenos de sueños... ahora muertos. El profesor les pregunta a sus alumnos qué es lo que planean hacer con el resto de sus vidas. Les desafía a medir cada día (carpe diem), a vivir cada minuto al máximo, y a hacer de su vida algo extraordinario.

La Biblia: Juan 15:1-8; Lucas 12:16-21; Filipenses 4:13; Santiago 4:13:17.

¿Puedes ver alguna similitud entre el consejo del profesor y las palabras de Jesús en Lucas 12?

¿Cómo encuentran los no creyentes el significado de la vida?

¿Qué crees que es lo que hace que una persona sea exitosa y extraordinaria?

IDEA #189

"Los miserables" (Liam Neeson y Geoffrey Rush)

¿Qué pasaría si todos recibiéramos nuestro merecido?

Clip: (7 minutos)   Comienza: 0:12:35

Termina: 0:19:33

En medio de la noche, unos golpes en la puerta despiertan al cura. Extenuado y muerto de hambre, Valjean le pide comida. El cura lo hace pasar y le da refugio y alimentos. Valjean no puede descansar debido a las imágenes que aparecen en su memoria y se marcha, robando la plata que le pertenecía al párroco. Cuando Valjean es atrapado y llevado frente al cura, este no solo no presenta ningún cargo contra él, sino que le recuerda la plata que Valjean se olvidó de tomar. El párroco no lo condena, solo le recuerda la promesa de convertirse en un hombre nuevo. A partir de ese momento, Valjean debe comenzar una nueva vida.

La Biblia: Lucas 15:11-31; 23:39-43; 2 Corintios 5:17.

¿Por qué crees que fue tan diferente la forma en que atacaron a Valjean la mujer y el cura?

¿Por qué fue tan misericordioso el sacerdote con el reo, cuando este le pegó y le robó la plata? ¿Qué similitudes tiene con lo que Jesús ha hecho por nosotros?

¿Qué significa amor incondicional (Lucas 15)? ¿A quién conoces que necesita recibir de ese amor incondicional?

Describe con tus propias palabras el significado de: misericordia, gracia, confiar y redención.

IDEA #190

"La momia" (Brendan Fraser)

¿Qué plan de vida sigues?

Clip: (2 minutos)   Comienza: 1:06:42

Termina: 1:08:02

Beni piensa escapar con todas las riquezas que pueda llevarse consigo, pero su mayor objetivo es seguir vivo. De pronto se encuentra cara a cara con la momia y comienza a mostrarle todos los símbolos de protección que lleva en el cuello. Mientras la momia sigue avanzando, Beni se da cuenta de que no hay escapatoria y acepta la propuesta de la momia a cambio de su vida, pero ¿a qué precio?

La Biblia: Mateo 4:1-11; 6:19-21; 24; 16:24-27; 25:31-46; 1 Timoteo 6:6-13.

¿Qué es lo más tentador al hacer lo malo? ¿Qué es lo más temible?

¿Cuál sería el plan perfecto en cuanto a vivir una vida plena? ¿Qué incluiría en cuanto a tener, lograr o hacer?

Lee los versículos de arriba. Describe ahora el plan de Dios para una vida plena. ¿Qué recompensa tenemos al seguir su plan?

7

IDEAS PARA CREAR RECUERDOS

Tener recuerdos en común nos acerca y nos une. Los recuerdos también nos pueden traer la palabra de Dios en el momento que más la necesitamos. Por eso es bueno crear momentos memorables con nuestros jóvenes, eventos que van a recordar durante toda su adolescencia y -¿por qué no?- toda su vida. Lo monótono se olvida fácilmente, y por eso aquí presento varias ideas para hacer que un evento, una enseñanza o una relación duren más tiempo.

IDEA #191

Después de comenzar la clase de Escuela Dominical pídele al pastor o a algún líder (que tenga la suficiente autoridad como para producir un momento de pavor en tus chicos) que interrumpa la clase diciendo: "Podría hablar con Juan, solo necesitamos hablar con él unos minutos". Entonces debe llevarlo en silencio al estacionamiento donde tú estarás esperando a Juan en un automóvil para llevarlo a tomar un buen desayuno. Puedes hacer algo parecido retirando a uno de tus alumnos de la escuela, pero necesitarás permiso de los padres y autorización de los directivos. Nunca se lo olvidará, se sentirá muy especial.

IDEA #192

Toma una fotografía de tu alumno y tú juntos, o solo de tu alumno, o del grupo entero en un retiro, bautismo o evento especial e imprímela en una camiseta, taza, calendario, o lo que más te guste, las opciones son infinitas.

IDEA #193

No hay momentos más emocionantes para un adolescente que recibir una carta por correo. ¡Imagina cuando reciba un casete o CD! Graba en él afirmaciones positivas de tu alumno. Quizás puedan colaborar también otras personas -amigos, abuelos, vecinos, el pastor- hablando en su honor.

IDEA #194

En una de esas ocasiones en que tus chicos se quedan a pasar la noche en tu casa o en la de otro joven, llévalos "secretamente" a la casa del pastor, con un rollo de papel higiénico cada uno. Llenen la casa con tiras de papel por doquier, envolviendo todo lo que puedan. Cuando hayan terminado y estén tratando de escapar silenciosamente, el pastor con varios de los líderes y otros voluntarios de la iglesia deben salir de detrás de los arbustos, balcones o de la casa de al lado con baldes de agua, bombas de agua y otras cosas a darle a tus chicos "su merecido". ¿Quién se olvidaría de algo así? ¡Ni tus chicos ni el pastor se olvidarán de tanta diversión! Y nadie querrá perderse el próximo encuentro.

IDEA #195

Llama por teléfono, en medio de la reunión, a alguien que no haya asistido, alguien que está enfermo en el hospital o en casa, a alguien que se haya mudado a otra ciudad, a alguien que haya cumplido años, etc. Si no tienes un teléfono cerca utiliza un celular y coloca un micrófono en el auricular para que todos oigan las respuestas de tu entrevista.

IDEA #196

Al finalizar un retiro o campamento separa a tus chicos en grupos de unas cinco personas y pídeles que, por turno, uno a uno le digan a cada persona del círculo algo que le guste, que haya aprendido de su persona o una cualidad que le gustaría destacar del otro. Solo aceptamos cosas buenas y lindas.

IDEA #197

Si tus adolescentes trabajan (si es que lo hacen) en lugares como locales de comidas rápidas, tiendas de ropa o fábricas, si es apropiado, ve a visitarlos a su trabajo. Pídeles que te muestren su lugar de trabajo y te presenten a sus compañeros y jefes. Quizás puedas ir en un cambio de turnos o cuando están por salir. Déjales una notita en su delantal, ventana, en la bicicleta o donde puedan verla.

IDEA #198

En la próxima reunión que hables del perdón, o quizás en un retiro, repártele a cada uno de tus alumnos papelitos en los que escriban pecados que están molestándolos, que no habían confesado, o cargas que necesiten llevar a Jesús. Saca luego una cruz de madera y una caja de chinches o clavos y déjalos que uno a uno claven en aquella cruz los papeles que hayan escrito. A la mañana siguiente o en la siguiente reunión reemplaza los papeles por papeles vacíos, pero no digas nada al respecto.

IDEA #199

Corta la electricidad al menos un día entero en tu próximo campamento, sin decirles nada a los jóvenes. Planea con los líderes los cuidados que habrá que tomar, pero no dejes que los chicos sepan que fue a propósito y que se puede remediar. Cuando tengas a todos los participantes juntos, con tu mejor sonrisa desafíalos a sacar el mejor partido de lo que está sucediendo. Obviamente muchos van a quejarse, pero lo inusual de sus tareas habituales –comer, ducharse, lavar e irse a dormir- sin nada de luz se convertirá en algo inolvidable y hará que se relacionen mejor unos con otros.

IDEA #200

Algo que siempre te pasa por la mente y los ojos pero quizás nunca hayas hecho es ponerle algo de acción a la contribución social. Junta durante varias semanas ropa, zapatos, frazadas, abrigos, etc. Repártelos según las tallas haciendo paquetes con juegos de ropa (lavada) y sal con tus chicos a repartirla a personas necesitadas, barrios pobres o centros para personas sin hogar.

IDEA #201

Durante varias semanas pídeles a tus jóvenes que se informen de las necesidades que puedan tener sus padres o vecinos, abuelos u otras personas. Se trata de cosas sencillas de hacer pero que requieren tiempo, como cortar el pasto, lavar el auto, bañar el perro (u otro animal). Divide al grupo en pequeños grupos y divide las tareas. Saca fotos o filma y graba un comentario de la persona beneficiada.

IDEA #202

Una noche de campamento saca de tu bolso un montón de globos de agua para inflar y prepara a tus jóvenes para ir a atacar la otra carpa, habitación o cabaña. Lo que tus chicos no saben es que de antemano ya has acordado con el otro consejero que sus alumnos se escondan alrededor de la carpa o cabaña con baldes, mangueras y globos de agua, pasando así de ser víctimas a víctimarios. Quizás puedas ponerte de acuerdo con la consejera de las chicas para que estas les preparen serenatas a los chicos mientras ellos se esconden detrás de los árboles con agua para mojarlas. Gritarán, correrán y algunas quizás se enojen, pero todos van a recordar este momento toda su vida, algo que fue especial y divertido.

IDEA #203

Crea tradiciones, eventos o momentos que cada año se repiten igual solo en tu grupo juvenil. Por ejemplo el aniversario del ministerio, la noche de las graduaciones, la obra de teatro anual.

IDEA #204

Para esas semanas de internamiento estudiando para los exámenes finales de la escuela prepara paquetes decorados que contengan diferentes dulces con chocolate o mucha azúcar, caramelos, y todo lo que se te ocurra que los ayude a permanecer despiertos por más tiempo durante las noches de estudio.

IDEA #205

¿Se acerca algún torneo o campeonato corto importante? (de cualquier deporte popular). Acuerda entonces con el que maneja el proyector, el audio y demás de la iglesia y proyéctalo en la pantalla gigante o en el mejor televisor que consigas. Pídeles a algunos de los padres que colaboren con cosas para comer, o junta dinero con actividades anteriores para tener algo para compartir. Y la semana anterior dile a tus jóvenes que inviten a sus amigos del barrio, escuela, club u otras iglesias a pasar un buen rato. No te olvides de preparar juegos para el entretiempo.

IDEA #206

Otra utilidad para todas esas fotos que decoran las paredes de tu salón es una idea para recordar. Cuando renueves la decoración toma cada foto y en el reverso escribe algo positivo para alguna de las personas que están en ella, y envíasela por correo a su casa.

IDEA #207

Fabrica una bandera cosiendo pedazos de tela, como se hacía antiguamente. En vez de la bandera nacional puedes hacer un lindo cuadro o poner el logotipo con el nombre del ministerio, recortando telas como si fueran parte de una vidriera. Lleva luego la bandera a eventos grandes y despliégala lo más que puedas.

IDEA #208

Conquista la cima de alguna montaña, sierra o lugar natural de acceso relativamente difícil. La aventura siempre es una buena memoria.

IDEA #209

Haz una película. Primero puedes poner a alguno de los jóvenes a escribir el guión y a otros a preparar la parte técnica (al menos con una cámara, un par de luces y un buen micrófono de ambiente ya es un comienzo). Luego seleccionas el elenco y adelante hacia los oscares.

IDEA #210

Tómate un fin de semana y lleva a algunos del

grupo a algún evento que sea lejos de tu ciudad. Aunque el evento no sea el mejor, el hecho de ir juntos creará lazos más íntimos.

IDEA #211

Levanta un Ebenezer. Samuel lo hizo para indicar que hasta ese momento Dios les había ayudado. Si estás en un lugar donde es relativamente fácil juntar rocas invita a tus jóvenes a hacerlo pensando en logros o cosas por las que están agradecidos, que lleven esa roca a su casa y luego la traigan para hacer una ceremonia de agradecimiento al Señor. También puedes hacer esto con ladrillos y crear una montaña o altar de agradecimiento a Dios por lo que ya hizo en la vida de tus jóvenes o del ministerio.

IDEA #212

Escápate con tus jóvenes de la Escuela Dominical. Llévate la clase de Escuela Dominical al café, al Mac Donalds o la taquería y da la clase allí.

IDEA #213

A los adolescentes les encanta lo raro y absurdo. Un evento que comienza a la una de la mañana, un menú con nombres en otro idioma donde piden comida sin saber lo que es, un mensaje en código secreto que les llega por correo electrónico, un acertijo que dura todo un mes con un gran premio, la decapitación de un pollo de goma...

IDEA #214

Anuncia de antemano sermones con títulos escandalosos y memorables como: "El próximo sábado, ´Sexo del bueno´", y luego habla del plan de Dios para la sexualidad. O "Lo que siempre quisiste saber de las drogas", o "Cómo dejar a los hombres con la boca abierta".

IDEA #215

Entrega trofeos y certificados. Algo que se guarda y se puede continuar viendo en la habitación de tus jóvenes perdura por más tiempo y le da más continuidad a tu ministerio.

Los regalos siempre desatan energía, pero además de cariño también pueden comunicar algo significativo.

IDEA #216

Aunque a muchos les cueste admitirlo, todos los jóvenes están pendientes de si alguien se acuerda de su cumpleaños. Ten siempre algún regalito listo para quienes cumplen años. Podría tratarse de un señalador, una flor, un lápiz o algo que algún miembro del grupo haga manualmente. No tiene por qué ser grande o caro, pero seguro que será significativo.

IDEA #217

No hay nada como un picaporte para decirle a un joven que es bienvenido en tu casa cuando necesite algo.

IDEA #218

Envía un mensaje con tu voz: Grábate afirmando, animando u orando por uno de tus jóvenes y dale el CD, casete o vídeo.

IDEA #219

A nadie le gustan las rupturas amorosas. Ten listo un regalo que le haga sentir al joven que no está todo perdido. En algunos supermercados hay tarjetas que hacen alusión a eso, y sino las encuentras, puedes crearlas.

IDEA #220

Sorpresa sin ser cumpleaños. Cuando pienses en tus jóvenes y veas algo que les gusta, si puedes conseguirlo, llévaselos. El impacto de que hayas pensado en ella o él sin razón aparente es muy significativo.

IDEA #221

Festeja el regreso de una sonrisa sin aparatos. Dejar atrás los aparatos de ortodoncia es todo un logro para algunos jóvenes. Regálale un lindo cepillo de dientes para celebrarlo.

IDEA #222

Un regalo artístico que suele quedar muy bien y es fácil de hacer es pintar o escribir algo sobre una ventana.

IDEA #223

Cuando alguno de tus jóvenes saque al fin la licencia de manejar, celébralo en público. Puedes regalarle algo para colgar en el espejito, o un llavero, pero asegúrate de que no se te escape el detalle. Normalmente eso es algo que todos esperamos con mucha emoción.

IDEA #224

Fotocopia tu rostro y recuérdales que pueden contar contigo.

IDEA #225

Si alguna chica falta por un buen tiempo por estar enferma con algo que se pega en invierno, envíale sobrecitos de chocolate caliente para que se mejore.

IDEA #226

Un libro apropiado para una persona puede comunicar que sabes cómo es y cómo se siente. Siempre es bueno estimular la lectura en nuestros jóvenes, y hoy hay varios libros de autores cristianos que escriben específicamente para ellos.

IDEA #227

Comenzar en la universidad es todo un acontecimiento. Una agenda, un cuaderno, un portafolio, una mochila o hasta un versículo van a comunicar que estás prestando atención a este paso tan importante.

IDEA #228

Las graduaciones son otra ocasión que no se debe pasar por alto. Un portadiplomas, una tarjeta o un señalador resaltando la fecha vienen muy bien.

IDEA #229

Certificado de invitación a comer. Puedes darle un certificado de invitarlo a comer que pueda usar cuando mejor le parezca. Tú le haces el certificado (con computadora puede quedar muy bien) y él o ella lo usan cuando más lo necesitan como si fuera un vale.

IDEA #230

Si en tu grupo hay una banda de música, consíguelos la posibilidad de grabar en un estudio. No hace falta que sea el mejor ni tampoco muy caro. Muchas bandas nunca lo hacen porque no tienen un miembro que tome la iniciativa. Tú puedes hablar con otros líderes de tu iglesia, así como con los padres de los jóvenes, para hacerles ver lo fabuloso que sería que la banda juvenil pudiera grabar su propio disco.

IDEA #231

¿Se acerca la primera entrevista de trabajo? Algo lindo para escribir o ayudarles a hacer un currículum puede ser un buen empujón para obtener confianza.

IDEA #232

También se puede celebrar una conquista deportiva importante. ¿Resultaron campeones en la escuela? ¿Subió de categoría en algún deporte? Una pelota, un silbato, muñequeras y hasta un par de medias pueden ser un regalo gracioso.

IDEA #233

Ropa. ¿Por qué no? Yo sé que puede sonar raro, pero seguro que tienes en tu ministerio a algún adolescente de bajos recursos que está soñando con comprarse algo de ropa nueva. Tú sabes cómo eso incide muchas veces en la autoestima de tus chicos en la escuela. Quizás puedes sacrificar algo de ropa para ti y ayudar con esto a uno de tus adolescentes.

IDEA #234

Bisutería. A las las chicas les fascinan las cadenitas, brazaletes o aritos. A veces, por muy poco puedes tener una linda atención con esa chica que está luchando con su autoestima.

IDEA #235

Al graduarse de la secundaria viene muy bien una Biblia nueva. Quizás puedes hacer de este regalo una linda tradición de tu congregación, y pedir un presupuesto para conseguir lindas Biblias con este propósito tan significativo.

IDEAS PARA RECORDAR NOMBRES

Aprenderse los nombres de los jóvenes debe ser prioritario. Jamás te tendrán completa confianza hasta que los conozcas y te acuerdes de sus nombres. Eso de "hermano o hermana" cuando no sabemos el nombre de alguien, solo evidencia que no nos estamos comportando como verdaderos hermanos. El nombre es una de las propiedades más importantes que tiene el ser humano, y si quiero influir en alguien de corazón, lo menos que puedo hacer es saber cómo se llama. Aquí tienes unas cuantas ideas para que te sea más fácil recordar nombres.

IDEA #236

Repite el nombre rápidamente una vez que te lo digan.

IDEA #237

Usa el nombre con frecuencia durante la conversación.

IDEA #238

Haz una pregunta usando el nombre (Alberto, ¿cómo te enteraste de la reunión de anoche?).

IDEA #239

Repite el nombre al despedirte.

IDEA #240

Relaciona el nombre con un lugar que provenga de la conversación.

IDEA #241

Toma fotos de los jóvenes y escribe sus nombres en el dorso; úsalas para refrescar la memoria.

IDEA #242

Mira al joven con muchísima atención mientras habla, y busca señas particulares que lo diferencien.

IDEA #243

Haz algo divertido con el joven. Siempre es más fácil recordar a alguien con quien te has divertido.

IDEA #244

Cuando todo lo otro haya fallado, busca un apodo positivo o una variación de su nombre que sea tu propia manera de llamarlo.

IDEA #245

Pide información que identifique a la persona. Lleva fichas y guárdalas.

IDEA #246

Asocia el nombre con otra persona que lleve el mismo nombre.

IDEA #247

Mira al joven a los ojos y saca una foto mental de su cara.

IDEA #248

Escríbete el nombre en la mano, en una tarjeta o un pedazo de papel. El hecho de escribirlo te ayudará a recordarlo.

IDEA #249

Pídeles a los jóvenes que te examinen para determinar cuántos nombres recuerdas.

IDEA #250

Ora al Señor pidiéndole ayuda con esta cuestión tan importante del liderazgo. ¿Cómo pretender que te escuche, te obedezca y aprenda de ti alguien que no sabes ni cómo se llama?

10

En muchos grupos juveniles se pone toda la atención en lo que sucede en el escenario, para que vengan más jóvenes, pero no se tiene en cuenta qué hacer detrás del escenario para que los jóvenes sigan viniendo y se sientan parte del grupo. Te voy a decir una verdad muy simple que muchos no reconocen: con frecuencia, lo que hacemos detrás del escenario tienen mucho más que ver con que los jóvenes se sientan parte de la iglesia y los retengamos en tiempos de crisis que lo que sucede arriba y decimos por el micrófono. Que los jóvenes se sientan parte es fundamental para que sigan viniendo y hagan del grupo un lugar atractivo para otros nuevos.

IDEA #251

Organiza un equipo que se ocupe específicamente de los nuevos. Que los reciban, registren sus nombres y les expliquen cómo funciona el ministerio juvenil.

IDEA #252

Prepara a tus líderes voluntarios para que aprendan a sacrificar el estar siempre con sus amigos. Ellos son fundamentales para la integración.

Que todo aquel que participe del escenario adquiera la costumbre de sentarse con alguien nuevo o no tan popular. Esto llama mucho la tención.

IDEA #253

¿A qué esperas para tener una página de Internet?

IDEA #254

Elabora folletos, trípticos o bípticos que expliquen lo que haces, dónde lo haces y cuándo. Con una computadora y una impresora es suficiente; no hace falta una impresión profesional.

IDEA #255

Ten una tarjeta u hoja de recepción de jóvenes nuevos para que llenen sus datos y puedas contactarlos por teléfono o correo electrónico. Días después de que vinieran por primera vez, llámalos o envíales un mensaje y hazles saber que estás esperando que vuelvan a venir.

IDEA #256

En tu próximo retiro arma grupos cambiantes. Cuando los pongas con quienes no conocen quizás se quejen al principio, pero pasada la queja inicial eso va a facilitar que se relacionen con otros miembros del grupo.

IDEA #257

Haz todas las reuniones caseras que puedas. No importa el tamaño de tu grupo o el estilo ministerial de tu iglesia, pues el hecho de que tus jóvenes conozcan las casas de otros jóvenes siempre es positivo y ayuda a que se relacionen significativamente.

IDEA #258

Utiliza juegos de integración. En este mismo libro tienes algunos, y hay muchos más en *Juegos para refrescar tu ministerio*, también de Especialidades Juveniles y Editorial Vida. Obviamente también  puedes encontrar algunos en la red de Internet: www.especialidadesjuveniles.com

IDEA #259

Utiliza grupos pequeños de tres o cuatro integrantes para ayudarles a retener el mensaje con preguntas guiadas.

IDEA #260

Ten una lista de correo mensual para enviarles a todos los que puedas un mensaje electrónico recordando las actividades del mes.

IDEA #261

Que todos los del grupo tengan listas de cumpleaños. Asegúrate de mantenerlas al día al menos cada tres meses.

IDEA #262

Entrevista en público a los que vienen por segunda o tercera vez. Pregúntales a qué escuela van, qué comida prefieren, cuál es su película favorita y lo que menos les gusta de la escuela.

IDEA #263

Ten una cámara lista para sacarle fotos a los nuevos. Revela las fotos lo antes que puedas y ponlas cuanto antes junto a otras fotos de los jóvenes que ya forman parte del grupo.

IDEA #264

Otra alternativa a llamar a los nuevos o enviarles un email es una tarjeta electrónica. Quizás alguien te puede ayudar a diseñar una propia del ministerio.

IDEA #265

Ten pegado en algún sitio un calendario con las actividades del mes, o imprime algunos para repartirles a los nuevos. No supongas que ya saben cómo es todo el programa. Dales tiempo para preparase a venir (muchos chicos nuevos tienen que hacer un cambio completo de hábitos para sumarse el grupo juvenil).

IDEA #266

Toma la iniciativa a la hora de acercarte a los nuevos o menos populares. Si tú lo haces, lo más probable es que te siga el resto de los jóvenes. Además, para los nuevos es especialmente importante que los salude quien luego estará al frente.

IDEA #267

De vez en cuando da asientos numerados al entrar a la reunión. Sobre todo si tienes una obra de teatro o un evento especial. Insiste en que es muy importante que se sienten en el número asignado.

IDEA #268

Ten Biblias gratis disponibles. A veces los cristianos suponemos que todos tienen una Biblia y saben dónde encontrar aquello de lo que estamos hablando. Si te pones en contacto con las sociedades bíblicas de tu país, seguro que te pueden ayudar a conseguir varios ejemplares gratis para regalarle a los nuevos o tener extra en el salón de jóvenes.

IDEA #269

El juego de la homogeneidad y heterogeneidad. Palabras raras, ¿no? Pero eso es parte de la atracción: enséñales lo que quieren decir. Todos somos homogéneos en algún sentido. Por ejemplo: tenemos orejas. Pero también somos heterogéneos: tenemos el pelo de distinto color. Haz una lista de posibilidades de homogeneidad y heterogeneidad, como por ejemplo: "Júntate con alguien que tenga boca", y luego di: "Ahora con alguien del otro sexo". Luego con alguien de una altura completamente distinta a la tuya. Así puedes ir un rato ayudándoles a reconocer que todos se parecen y que a la vez todos son distintos.

IDEA #270

Organiza competiciones con otras congregaciones. ¿Cómo sirve esto para integrar? Si quieres afianzar la identidad de un grupo, no hay nada mejor que ponerlo a competir con otro. Celebra competiciones deportivas con otras iglesias, y verás cómo tus chicos se van haciendo amigos mientras tratan de vencer a la otra congregación.

11

Muchos juegos y actividades encienden su motor cuando tenemos lista una prenda, penitencia o un castigo. El castigo puede parecer algo negativo, pero bien usado puede traer mucha energía al ambiente y ser un excelente creador de recuerdos, así como un momento de protagonismo para tus jóvenes.

IDEA #271

La declaración con ayuda. Cuando haces juegos en pareja puedes llevar un paso más allá a quienes pierden. Que el hombre de la pareja se arrodille y en broma confiese su amor utilizando tres palabras que tú le digas. Pueden ser: caballo, elefante y terciopelo, o las que tú prefieras.

IDEA #272

La pregunta escondida en la harina. Pones harina en un plato sopero y entre la harina colocas varios papelitos con preguntas personales tipo "¿Cuál es tu comida favorita?", "¿adónde irías si pudieras hacer el viaje de tus sueños?", "¿cuál es el actor o actriz que más te gusta?" Los perdedores tienen que meter la cabeza en el plato y atrapar alguno de estos papelitos sin usar las manos.

IDEA #273

Sí – No en pareja. Pones a una pareja de espaldas y les haces preguntas cuyas respuestas sean sí o no. Cuando responden "sí" tienen que mirar a un lado, y cuando responden "no" tienen que mirar al otro. Tú o el público hacen una pregunta y ellos responden.  Si ambos miran al mismo lado al responder, es decir, ambos responden lo mismo, luego de hacer todas las preguntas deberán darse un beso por esa coincidencia. Si ambos miran a lados opuestos, por esa respuesta corresponde una cachetada dada por la chica.

IDEA #274

Los tres recuerdos de la infancia. Que cada joven que pierda cuente tres secretos de su infancia. Quienes pierdan tendrán vergüenza de hacerlo, pero todos aprenderán más de ellos.

IDEA #275

Una tarde atados. Si estás en un retiro o campamento esta es ideal. Diles a todos antes del juego o la competición que quienes pierdan pasarán toda la tarde atados. Átalos fuerte pero sin que lastime (lo mejor es atar las cuatro manos, dos y dos). Pon un plazo de dos a cuatro horas. El castigo va a parecer mucho, pero vas a estar ayudando a hacerse más amigos a quienes pierdan).

IDEA #276

La caminata sobre relojes. Les explicas al público y al perdedor que lo que este va a tener que hacer es caminar vendado sobre los relojes de sus amigos y hacerse responsable si los rompe. Pero que no tiene que preocuparse porque sus amigos le van a dar indicaciones. Una vez explicado pides voluntarios que pongan sus relojes en el suelo y los acumulas todos en un camino, mostrándole al perdedor por dónde va a tener que caminar. Una vez que los vio, lo vendas y le haces dar un par de vueltas en el lugar, para agregarle un poco de mareo y suspense. Mientras la víctima está dando vueltas, otros voluntarios les devuelven los relojes a sus dueños y en su lugar ponen llaves y monedas. Cuando todo está listo sueltas a la víctima para que camine, y todos empiezan a gritar indicándole el mejor camino mientras tú te aseguras de que vaya pisando algunos relojes (llaves). Que varios griten enojados porque les rompió el reloj siempre ayuda a generar un poco mas de nerviosismo. Al terminar el camino le quitas la venda y le muestras las llaves.

IDEA #277

Bájame los pantalones. Esto funciona mejor con alguien del sexo opuesto. Súbete los dobladillos (la parte inferior del pantalón) haciendo un pequeño doblez sin que nadie te vea. Explica que lo que la víctima tiene que hacer es simplemente bajarte los pantalones. Súbete a una silla y que la chica o el chico hagan el intento. Cuando la víctima se te acerque ten a algunos preparados para gritar: "¡Hey, eso no se hace, es el líder, ¿cómo vas a hacer eso?!", pero tú insistes en que lo tiene que hacer. Seguramente va a hacer varios intentos, pero cuando los demás griten, la víctima va a dudar y no va a saber qué hacer. Después de un rato de nerviosismo, si la víctima no se anima a tocarte, llama a un voluntario para que vaya y te baje el dobladillo del pantalón.

IDEA #278

La bomba de agua. La víctima se tiene que acostar en el piso con las manos a los costados mientras tú sostienes un globo de agua (de los chicos) de pie, opuesto a su cabeza: Explicas que él o ella puede atrapar el globo y salvarse de la mojada, pero que tú no le dirás cuándo vas a soltar el globo. Sigue hablando y mirando al publico, y cuando quieras lo sueltas. Si lo atrapa, prepárate para mojarte.

IDEA #279

El disfraz. Ten un buen disfraz listo para que lo

use el perdedor. Puedes hacer algo de corta duración o dejarle el disfraz toda la noche o el tiempo que dure la actividad.

IDEA #280

La probada gustativa. Venda a la víctima y dile que tienes cinco cosas numeradas para que pruebe. Si al probarlas adivina de qué se trata, ahí termina el castigo, pero si no adivina deberá seguir gustando hasta la número 5. Prepara al grupo para que sin decir de qué se trata le digan que es un asco lo que va a probar (aunque no lo sea). Entre los cinco elementos puedes presentar una cebolla, un limón, orégano, ajo picado, algún postre raro y lo que se te ocurra. La víctima los elige por número.

IDEA #281

El gran dado o la ruleta. Puedes tener varios castigos asignados en una gran ruleta o en los lados de un dado. De acuerdo al número o al color que salga, ese es el castigo para quien perdió el juego.

IDEA #282

El casamiento. Ten lista la marcha nupcial, un velo, un saco negro viejo y mucho arroz. En cuanto una pareja pierde comienza a sonar la marcha nupcial y tienes a un "pastor" y varios ayudantes que les ponen todo bien rápido para casarlos. El falso pastor los declara marido y mujer y le dice al muchacho que puede besar a la novia. Una de las claves es hacerlo todo bien rápido. Al final del beso no te olvides de sacarles una foto. Las víctimas se van a morir de vergüenza y de risa al mismo tiempo.

IDEA #283

Cantar a viva voz con los audífonos puestos. Ten uno de esos auriculares grandes conectado al sonido y pónselos a la víctima para que escuche una melodía conocida. Su tarea es cantar lo que escucha (nadie más que él o ella puede escuchar la música, así que seguro que todo va a sonar muy gracioso). Si tienes una grabadora pequeña, puedes usarla y hacérselo escuchar luego.

IDEA #284

Saca el comodín y alguien más lo tiene que hacer por él o ella. Puedes tener varias tarjetas grandes tipo mazo de cartas con los diferentes castigos que tienes disponibles, a las que puedes agregar una que funcione como comodín. Si la víctima escoge esa (claro que sin saber qué contienen) puede elegir que otra persona saque otra carta o tarjeta por ella y cumpla uno de los castigos.

IDEA # 285

Completa las siguientes frases en treinta segundos:

Mi comida favorita es…

La ropa interior que tengo puesta es de color…

Mi número de calzado es…

Tengo un lunar en…

La parte de mi cuerpo que más me gusta es…

De luna de miel me iría a….

Odio…

Me gustaría conocer personalmente a…

Una de mis mejores amigas se llama…

La materia de la escuela que menos me gusta es…

De no hacerlo en 30 segundos esta prenda puede combinarse con otro castigo

IDEA #286

En un campamento puedes hacer que quien pierda tenga que lavar los platos de todos los miembros de su cabaña o habitación. Una buena idea es ayudarlo o ayudarla tú pero no "oficialmente".

IDEA #287

El chiste de la noche. Que cada vez que alguien pierda tenga que contar un chiste sirve para crear un espacio de expresión positiva, a la vez que se ayuda a quien necesita un empujoncito para contar algo gracioso que ya sabe.

IDEA #288

Pídele a una de las líderes voluntarias que te ayudan que se convierta en "la maquilladora." Al comenzar el juego anuncias que quienes pierdan van a tener el privilegio de pasar por la elaboración profesional de la maquilladora. Su tarea es fácil: maquillar a quienes pierdan de la manera más extraña que pueda. La maquilladora puede identificarse con un gran sombrero, e incluso puede tener ayudantes y una música de entrada para cuando la presentas y cuando maquilla. Cualquier caja vieja de maquillajes puede servirte para esto. (Que los perdedores no puedan verse en el espejo por un rato).

IDEA #289

La conferencia de prensa. Ten listos un estrado, una silla y si es posible un micrófono de mesa y un reflector. Ni bien haya un perdedor, varios voluntarios traen rápidamente todo ese decorado. Sientas al perdedor en la mesa y empiezan las preguntas. Comienza tú por las obvias y luego deja que otros le pregunten lo que quieran.

12

El ministerio juvenil no debe estar aislado de la familia de los jóvenes y adolescentes que participan en él. Por eso aquí hay algunas ideas de cómo incluir y favorecer también a los padres.

IDEA #290

Crea un comité de padres. A quienes formen parte de él y al resto de los padres les parecerá más confiable tu ministerio, se sentirán más involucrados además de responsables. El comité puede ayudarte a decidir respecto a algunos casos críticos, así como sacarte de encima la presión de correr con todas las responsabilidades difíciles, como reunir o manejar el dinero y organizar alguna actividad que requiera la participación de adultos.

IDEA #291

Crea un grupo de oración de madres. Mucho de lo que hemos logrado en el ministerio debo agradecérselo a la constancia de mi mamá por haberme ayudado siempre a tener un grupo de madres que oraba mensualmente por todo lo que hacemos.

IDEA #292

Fíjate que tu programa o calendario anual deje espacio para fiestas familiares y no tenga a los chicos involucrados todo el tiempo que no están en la escuela. Siempre debemos colaborar con que los jóvenes pasen algún tiempo en su casa.

IDEA #293

Haz una encuesta para padres. Pregúntales cuales son sus mayores luchas en la casa, sus miedos, sus desafíos, qué piensan de sus hijos, cómo ven tu ministerio y qué les gustaría que sucediera en el ministerio juvenil.

IDEA #294

Haz un informe anual -o mejor semestral- para padres en el que cuentes qué está sucediendo, adelanta actividades importantes y comparte peticiones de oración y ayuda económica.

IDEA #295

Háblales de sus hijos de manera personal pero informal. Dales tu impresión de cómo ves su crecimiento. Pídeles también su opinión.

IDEA #296

Usa a algunos padres para predicar o enseñar de tanto en tanto.

IDEA #297

Invita a algunos padres con profesiones interesantes o populares a compartir acerca de cómo se puede servir al Señor con esa profesión y de qué se trata. Esto servirá como orientación vocacional y educativa para tus jóvenes.

IDEA #298

Haz una cena para padres en la que los chicos sean quienes sirvan y preparan el espectáculo.

IDEA #299

Organiza un retiro familiar de la iglesia. Estos retiros no necesariamente tienen que venir de los pastores o de los ministerios de adultos. El retiro familiar puede ser organizado por el ministerio juvenil y ofrecido al resto de la iglesia con los pastores involucrados.

IDEA #300

Invita a psicólogos a dar una conferencia para padres acerca de la psicología evolutiva de los adolescentes. Hay muchos padres a quienes les cuesta mucho entender a sus hijos, y este tipo de información puede ayudarles mucho.

IDEA #301

Celebra algunos aniversarios de matrimonios de los padres de tus chicos.

IDEA #302

Incluye a tu propia familia. Presenta a tus padres o hermanos en alguna reunión y deja que tus jóvenes los conozcan y que incluso les hagan preguntas sobre ti.

IDEA #303

Ten mucho cuidado con lo que te cuentan. Que los padres puedan hablar contigo sin que los chicos sepan qué te dijeron, y que los chicos puedan hablar contigo sin que los padres sepan. En algunos casos vas a poder recomendarles hablar todos juntos o entre ellos, pero en la mayoría de los casos la confidencialidad te va a ayudar mejor en las familias.

IDEA #304

Se extra sensible con los hijos de padres separados o divorciados. Ten cuidado con poner siempre ejemplos dando a entender que "todos" tienen a ambos padres. Habla de esto con los jóvenes. Aunque no quieran darte detalles van a apreciar que preguntes.

IDEA #305

Sugiéreles a las familias que te inviten a almorzar el domingo después de la reunión. En general, lo harán muy felices, y eso será una buena manera de mostrarte más accesible a unos y a otros, además de ofrecer una buena excusa para penetrar en la vida de tu joven.

IDEAS PARA SER MEJORES

CONSEJEROS

SI hay algo efectivo en el ministerio juvenil son los líderes que saben dar un consejo sabio en el momento apropiado. Después de haber viajado por muchísimos países de distintos continentes y de haber predicado cara a cara ante miles de jóvenes, tengo que decirte que una y otra vez he visto que un consejo personal dado por alguien significativo en el momento oportuno puede valer mas que mil sermones. Por esa razón los líderes juveniles necesitan estar bien preparados para la tarea de aconsejar. Aquí tienes varias ideas al respecto.

IDEA #306

Ponte en el lugar de quien te habla. ¿Cómo es su familia? ¿Cuántos años tiene? ¿Qué experiencia cristiana tiene? ¿Podrá apoyarse en alguien para hacer lo que le pidas que haga? No puedes darles los mismos consejos a todos, siempre tienes que ubicar cuál es el contexto de quien te está escuchando.

IDEA #307

Enfócate. Yo sé lo que es distraerse fácilmente. Dile a tu cabeza que se detenga. No pienses en lo que vas a decir hasta que la otra persona termine de hablar. Si la otra persona te habla de algo serio en un momento en que no vas a poder poner toda la atención, no tengas miedo de decírselo y de acordar otro momento para hablar.

IDEA #308

No mires para otro lado cuando te están hablando. Establece un claro contacto visual. Eso se hace sobre todo mirando a los ojos.

IDEA #309

No interrumpas. Vas a conseguir mucho con solo quedarte callado y prestar atención; deja que la otra persona hable hasta que no tenga más que decir.

IDEA #310

Persigue los resultados. ¿Hubo avances, retrocesos? Muchas veces los jóvenes están a la espera de que les preguntes cómo siguen, y no van a contarte nada más hasta que no les preguntes. Esa es su forma de evaluar si verdaderamente te importó lo que te contaron.

IDEA #311

Clarifica lo que se está diciendo. Una vez que la persona termine, repite a ver si entendiste correctamente.

IDEA #312

Hazte de un manual de consejería. El manual del consejero cristiano de la asociación Billy Graham es un básico clásico y preciso que no te puede faltar. También está el manual del consejero cristiano escrito por Jay Adams (Clíe).

IDEA #313

Toma un curso de consejería en un seminario. Los seminarios no solo están para que vayas a estudiar toda la carrera de teología para ser ordenado pastor. Hay excelentes cursos de consejería que puedes tomar asistiendo solamente varias semanas al año.

IDEA #314

No trates de resolver todos los problemas. Muchas veces el mejor consejero no es quien da soluciones, sino solo quien escucha y sabe plantear preguntas para que los aconsejados encuentren las soluciones por sí mismos.

IDEA #315

No tengas miedo de dejar para más tarde una respuesta o un consejo. Si tienes dudas con respecto a algo, admítelo y comprométete a buscar las respuestas. No tienes por qué tener de antemano las respuestas a todo.

IDEA #316

Nunca termines la conversación sin orar por la persona en vivo y en directo. Muchas veces decimos que vamos a orar, y después lo olvidamos. Hazlo ya mismo y te libras de la posibilidad de no cumplir con una promesa.

IDEA #317

No tengas miedo de poner en contacto a la persona con un profesional. Pero no simplemente des un teléfono o un nombre. Haz lo posible por saber que tu joven ya está siendo atendido por dicho profesional.

14

Los conflictos son normales mientras vivamos en este mundo. No son señal de que estás haciendo las cosas mal a menos que seas tú quien provoque todos los conflictos de tu ministerio. Detrás de cada conflicto se escode una excelente oportunidad ministerial. Por eso no es bueno escapar a los conflictos, sino afrontarlos con sabiduría y perspicacia. Aquí tienes varias ideas para una buena limonada con un limón caído.

IDEA #318

Los conflictos se confrontan mejor en privado con las personas involucradas.

IDEA #319

Cuando vas a hablar de algo que es conflictivo, o si vas a hacerle un reclamo a alguien, ten siempre contigo testigos de lo que dijiste o pediste.

IDEA #320

Confronta con amor las actitudes y acciones conflictivas serias. En muchas ocasiones dejarlas pasar no disminuyen el conflicto, sino que lo incrementan. Una de las cargas desafiantes del

liderazgo la constituye la disciplina y la correc-
ción. En general, a nadie le gusta hacerlo y es
natural que a ti tampoco. Pero es parte de tu trabajo si quieres ser un líder efectivo.

IDEA #321

La meta de la confrontación debe ser un mejor
entendimiento, un cambio positivo en la situación, así
como el crecimiento de todas las partes involucradas.

IDEA #322

Reconoce lo bueno de cada parte y afírmalo
antes de hacer los respectivos reclamos.

IDEA #323

Utiliza un lenguaje inclusivo. Usa el tú lo menos
posible. Haz mayor uso del "nosotros".

IDEA #324

Cuando estás mediando entre dos partes establece turnos para hablar.

IDEA #325

Prepara de antemano preguntas importantes.

IDEA #326

La mayoría de quienes cau-
san problemas son líderes natu-
rales que están influyendo en la
dirección incorrecta. Acércate
siempre de manera personal a
estos e intenta ganártelos a tu

favor en circunstancias que no tienen nada que ver con los conflictos. Ellos no deben verte como una amenaza a su instinto natural de liderar.

IDEA #327

No trates de cerrar todos los temas con conclusiones definitivas. Tú no estás para solucionar todos los problemas. A menos que seas parte directa del conflicto, tú estás para ofrecer herramientas que ayuden a los participantes del conflicto a solucionarlo por sí mismos.

IDEA #328

Lee Gálatas 6: 1–2, Santiago 5:19-20 y Mateo 18:15 al 17 antes de exhortar a algún joven respecto a su pecado.

IDEA #329

Disciplina y castigo no son la misma acción. El castigo es ojo por ojo y diente por diente. Devolver un mal con otro mal. Cristo dijo que ya no debería ser así. El camino cristiano no es el del castigo sino el de la disciplina. La disciplina está enfocada en el futuro y no en el pasado. Tiene por fin ayudar a la otra persona a superar el pecado o la debilidad.

15

Todos sabemos que Jesús nos llamó a ser sal y luz, y si somos sinceros, eso es mucho más fácil serlo fuera del templo. Conozco a muchos líderes que se matan enseñándoles a los jóvenes acerca de la misericordia, la compasión y el amor al prójimo, pero que solo se quedan en clases teóricas. Hay que darles a los jóvenes la posibilidad de experimentar lo que es llevar ese amor al prójimo a la práctica de maneras muy concretas. Tú y yo tenemos la posibilidad de movilizar a la nueva generación de la iglesia para mostrar un evangelio mucho más real. Quienes no conocen a Jesús entienden mucho mejor nuestras intenciones cuando hacemos cosas concretas que muestren que en verdad creemos en un Dios de amor.

IDEA #330

Muy probablemente, cerca del templo hay un paredón visible en alguna calle o avenida que está sucio o abandonado, lleno de leyendas o mensajes negativos. Averigua de quién es y pide permiso para convertirlo en una obra de arte. Lleva a tus jóvenes a pintarlo con graffitis positivos, un gran mensaje especial o hacer una excelente obra artística. Los dueños del lugar y los vecinos estarán contentos de que ahora se vea atractivo algo que era feo.

IDEA #331

Un hospital es uno de los mejores lugares a los que puedes llevar a tus jóvenes a comportarse como Jesús. Allí hay gente sola a quien nadie visita, y el dolor se respira en el aire. Si tus jóvenes se involucran en conversar con quienes están solos no solamente le proporcionarán alegría a alguien, sino que el corazón de ellos se volverá más sensible.

IDEA #332

Establece un día de la limpieza. Si tu iglesia está en una calle donde es común que haya basu-

ra y suciedad, deja de culpar al gobierno. Tú tienes un ejército de jóvenes que puede dar un gran testimonio de que la iglesia está para ayudar a los vecinos.

IDEA #333

Visita con tus jóvenes un hogar de niños al menos anualmente. Prepara con ellos canciones, títeres o coreografías que sean entretenidas para los niños. Tus jóvenes volverán de la experiencia más agradecidos de tener padres.

IDEA #334

Hogar de ancianos. Prepara obras de teatro y cantos para los ancianos de algún geriátrico no cristiano. Las iglesias suelen visitar centros cristianos, pero quién les va a hablar de Jesús a los no cristianos. Esa quizás sea la ultima oportunidad que tengan algunos de ellos, y tus jóvenes pueden ser aquellos que lleven a cabo esta importante misión. La verdad es que en estos centros no ocurre demasiado, así que seguramente no será difícil conseguir el permiso.

IDEA #335

Si tienes una estación de tren cerca, seguramente hay allí varias cosas que puedes hacer. Muy probablemente habrá una pared arruinada que puedes convertir en un lindo mural con un mensaje positivo. Puedes darle de comer a las personas que están allí pidiendo limosna, e incluso montarles una fiesta. Otras posibilidades son limpiar, decorar y arreglar, además de terminar la actividad con una reunión publica después de repartir folletos evangelísticos a las personas que suben al tren.

IDEA #336

El día del niño es un día muy especial para la comunidad (Si en tu país no tienen puedes crearlo). Ese día puedes llevar juguetes a un orfanato o un hospital de niños, o hacer una gran celebración con payasos y juegos en la puerta del templo y repartir algunos juguetes allí.

IDEA #337

La Navidad debería tratar de Jesús y no tanto de Santa Claus y del consumo. Tú y tus jóvenes pueden recordarles eso a tu barrio o comunidad de maneras positivas, preparando villancicos para cantar desde algunas esquinas y, ¿por qué no?, un pesebre viviente en un parque.

IDEA #338

Un programa que está siendo movilizado desde muchas municipalidades o comunidades es que alguna empresa o negocio apadrine una plaza y contribuya a cuidarla. Las tareas de cuidado normalmente incluyen cortar el pasto, hacer mantenimiento de las fuentes y bancos y cuidar de los árboles. Tu ministerio juvenil puede ser uno de estos patrocinadores o padrinos, pero en vez de pagarle a alguien para que lo haga (sin la seguridad de que el gobierno esté verdaderamente destinando el dinero correspondiente a eso), junto con los jóvenes puedes hacerte responsable directamente. Otra cosa positiva es que le harán saber a la comunidad quién es el padrino de la plaza, poniendo allí carteles que dicen que los jóvenes de la iglesia tal y tal son quienes cuidan la plaza. Si la mantienes linda tus vecinos estarán agradecidos y será un importante testimonio (además de que ganas algo distinto para hacer con tus jóvenes).

IDEA #339

Arreglarles el jardín a todos los vecinos de la cuadra (o la casa a alguien en concreto).

IDEA #340

Pintar una escuela publica en algún lugar necesitado. Todo sabemos que si es pública debería ocuparse el gobierno, pero ¿para qué esperar si sabemos que no lo ha hecho en varios años? A tus jóvenes les encantará aceptar este desafío para las vacaciones. Puedes pedir ayuda por el barrio para comprar la pintura (quizás algún negocio aporte materiales si pones su nombre en un lugar que se vea).

IDEA #341

Hacer una fiesta para los bomberos y/o la policía. ¿Loco no? Pero justamente por eso puede ser un gran evento. Acuerda una reunión con el comisario o el jefe de bomberos y diles que quieres festejar su labor y ayudar a la comunidad, y pregúntales a ellos mismos cómo lo puedes hacer. Seguramente entre ambos se van a poner de acuerdo en cuanto a cuál es la mejor forma, pero una puede ser invitarlos a cenar a una de tus reuniones. Haces algo festivo para ellos y luego les predicas el evangelio.

IDEA #342

Deja que otros grupos usen tu espacio. En algunas comunidades hay grupos de ayuda a alcohólicos o de reparto de alimentos que no tienen donde reunirse. Sería muy cristiano de nuestra parte compartir nuestros templos para actividades que son de ayuda a la comunidad aunque no tengan nuestra bandera de evangélicos.

IDEA #343

Si vives en un barrio donde hay agentes de seguridad, saca a todos tus jóvenes de repente a que les lleven refrescos y a que les digan que son de la iglesia tal, a donde están invitados cuando quieran.

IDEA #344

Consigue y compra útiles escolares para niños de escasos recursos y haz una donación a una escuela en un distrito de bajos recursos. Asegúrate de que haya un acto oficial de entrega del donativo, así tus jóvenes pueden vivir más claramente lo que significa el hecho. Si no puedes llevar a todos al acto, una opción es filmarlo.

IDEA #345

Organiza clases de apoyo escolar para adolescentes que necesitan ayuda con la escuela. Invita a padres y adultos de la congregación que puedan ayudar a ofrecer estas clases sin cargo o con precios muy bajos. Los padres de estos jóvenes estarán muy agradecidos si ayudas a que a sus hijos les vaya mejor en la escuela o a no repetir el año. Esta es también una manera de usar el templo de manera más sabia que tenerlo cerrado toda la semana.

16

Para generar un programa cada vez más atractivo, vas a llegar con toda seguridad al punto en que necesites dinero. Eso es algo que escasea en la mayoría de los ministerios juveniles que conozco. El dinero falta porque estamos trabajando con un sector de la sociedad que en general no es independiente en esta cuestión, y quizás falta porque muchas congregaciones todavía no tienen la visión suficiente como para ver la importancia de invertir en el ministerio juvenil. Por eso aquí vienen algunas ideas que te ayudarán a recaudar ese dinero usando la creatividad de tus jóvenes.

IDEA #346

Arregla con el pastor tener un domingo anual de jóvenes. Que este domingo los jóvenes se hagan cargo de todo, incluyendo el mensaje (NO prediques tú), la alabanza, un drama, el decorado y también la ofrenda… pero que esta ofrenda sea destinada al ministerio juvenil.

IDEA #347

Esclavos. Explícale a la congregación que están necesitando dinero para enviar jóvenes al próximo retiro o para comprar un nuevo instrumento o pelotas o lo que sea la necesidad, y diles que se están ofreciendo jóvenes para que sean sus esclavos durante un sábado. Mediante el pago de un precio, los jóvenes irán a la casa de quién los "compre" y realizarán las tareas que se les digan, como mover muebles, cortar el pasto, pintar, podar o cortar un árbol, arreglar un techo… lo que sea. No pongas el precio demasiado caro, pero tampoco demasiado barato.

IDEA #348

Organiza una kermés con distintas atracciones en algún salón o parque de la comunidad (también puede ser en una casa con un jardín grande o un gimnasio o salón en la iglesia) con juegos de tiro al blanco, alguien que ofrezca cortes de pelo, juegos para niños, refrescos, perros calientes y demás cosas que se te ocurran.

IDEA #349

 Organiza una buena subasta anual. Pide antes donaciones de muebles, comida, ropa, utensilios del hogar y lo que la gente te quiera dar, y un día indicado establece la subasta (Consíguete un martillo de madera, y si es posible una peluca).

Ofreces el artículo y comienzas con un precio mínimo hasta que alguien lo compre. Si consigues buenas donaciones vas a reunir bastante dinero con esta idea. (Conozco una iglesia cuyas subastas crecieron tanto que atraían a personas del barrio que no eran de la congregación).

IDEA #350

Con el permiso de las autoridades de la iglesia consigue miembros que se comprometan a ofrendar algo fijo por mes al ministerio juvenil. No hace falta que sea mucho, pero si consigues a varios entre jóvenes y adultos, te vas a asegurar un presupuesto.

IDEA #351

Lava automóviles. Una actividad divertida y efectiva para recaudar dinero es ofrecer un servicio de limpieza de automóviles uno o varios domingos.

IDEA #352

Organiza una gran cena con un espectáculo y buena comida (que podría ser donada) y un buen servicio. Prepara además un espectáculo, decora el salón y las mesas elegantemente y (obviamente) cobra la entrada.

IDEA #353

Pon un kiosco o buffet (pídele a las madres que cocinen) en la puerta de la iglesia.

IDEA #354

Si tienes negocios cerca de la iglesia, ofréceles el servicio de repartirles publicidad por las casas o en las esquinas durante un fin de semana. Seguro te pagarán por esto.

IDEA #355

Organiza una Recicla-tón. Desafía a todos los chicos (y también a la congregación) a juntar latas de aluminio o cajas de cartón hasta que tengan una buena cantidad. Seguro que hay lugares que te ofrecen dinero por estas cosas.

IDEA #356

Si tu congregación no tiene quien venda libros cristianos, pon una librería y regalería en consignación. Habla con alguna librería cristiana y pídeles que te den libros y artículos consignados (esto quiere decir que te los dan sin que los tengas que pagar hasta que los vendas). La librería te dará un precio al por mayor, al que tú le puedes agregar una ganancia.

IDEA #357

Organiza una buena obra de teatro y cobra una entrada para verla. Si eres de una congregación grande con publico asegurado, podrás conseguir el salón de un cine o el auditorio de un hotel para hacerlo más serio.

IDEA #358

Secuestra al pastor y pide un rescate. (Con su consentimiento claro, je). Si lo organizan bien y pasan la voz por la congregación puede ser todo un acontecimiento.

IDEA #359

Baña perros. Igual que con los automóviles puedes ofrecer servicio de limpieza de mascotas.

IDEA #360

Jardineros. Ofrece servicio de jardinería para un fin de semana específico, y anuncia la tarifa (además de para qué necesitan el dinero). Promociónalo durante varias semanas y, llegada la fecha, junta a todos los jóvenes temprano y sepáralos en equipos para ir por las casas que contrataron el servicio.

Si hay algún jardinero en tu congregación invítalo a dirigir el trabajo (y déjale entregar sus tarjetas o hacer publicidad de lo que hace).

17

La noche tiene algo único. Una noche creativa bien planeada puede ser un recuerdo para toda la vida y una oportunidad de triplicar el nivel de atracción de tu ministerio. Normalmente una de estas noches puede ser el gancho para que tus jóvenes permanezcan hablando de lo que sucede en el ministerio juvenil, lo que puede servir de atracción para que otros jóvenes sientan curiosidad por lo que sucede en la iglesia.

IDEA #361

Noches "temáticas". Eliges un lugar, un ambiente o una profesión y ambientas todo de acuerdo a eso ¿Ejemplos? Noche hawaiana, noche pirata, en el circo, el zoológico, en París, en el patio de Abraham, etc., etc. Asegúrate de ambientar el salón con música apropiada, así como de conseguir disfraces que combinen con el tema. Si es una cena puedes servir comida típica del lugar que elegiste.

IDEA #362

La noche fashion (de la moda). Consigue con anterioridad ropa vieja y usada, telas sueltas, trapos, sombreros extraños y zapatos de todo tipo (el armario de las abuelas y los abuelos es un buen lugar para empezar a buscar.) Luego, también antes del evento, separa en grupos a los jóvenes que se ofrezcan a desfilar y asígnaselos a "modistos" también del grupo de jóvenes. Ya para la noche prepara una pasarela que se encuentre en el medio del salón que vas a usar, así como luces de colores y todo lo necesario para que la pasarela parezca lo mas real posible. Finalmente, selecciona también de entre los jóvenes a algunos jueces que evalúen qué equipo desfila mejor y -sobre todo- quiénes fueron más creativos con la ropa que les dieron (es importante que solo usen esas prendas, y nada que esté de moda).

Puedes usar la noche para hablar de cómo se "fabrican" las modas de los medios masivos de comunicación, puedes hablar de la frivolidad del consumo o de cómo ser verdaderos modelos en la vida.

IDEA #363

Salida al cementerio. No hay mejor lugar para hablar de la vida y la muerte que allí.

IDEA #364

El récord de no dormir. Comienza por una vigilia en la iglesia, donde nadie se duerma, pero una vez allí comienza el verdadero desafío. Ya de antemano, que haya varios voluntarios que armen tríos para competir a ver cuál equipo aguanta más tiempo sin dormir. Una vez terminada la vigilia estos equipos no podrán salir más que para ir al baño, y deberán cuidar de que no se duerma ninguno de sus miembros. Lo más complicado será que tendrá que haber jueces que se turnen para estar despiertos hasta que el último equipo quede en pie. Cuando uno solo de sus miembros se duerma, todo el trío queda eliminado. Puedes averiguar si hay algún record oficial de esto en tu ciudad o -¿por qué no?- en el Guiness, y hasta puedes lograr que alguna radio o programa de televisión venga a ver la hazaña.

IDEA #365

Noche de talentos. Esta idea se suele usar en campamentos, pero también puedes ponerla en práctica en tu congregación, y será incluso mejor, porque contarás con más elementos. Anuncia con bastante anticipación que se avecina una gran noche de talentos (puedes ponerle otro nombre) y que quien quiera cantar, danzar, actuar, pintar o lo que quiera hacer va a tener oportunidad si se inscribe. Esa noche prepara el escenario más iluminado, y si es posible ponlo en el medio. Consíguete algunos buenos premios para los primeros tres puestos (tendrías que seleccionar jueces).

IDEA #366

Los jóvenes Awards. Esta noche es perfecta para celebrar el fin de las actividades del año. Celebra a tus jóvenes, dejando que ellos mismos voten quién fue el mejor amigo, los más simpáticos, la más inteligente, el más gracioso, el más tímido, el que tiene la mejor voz, la más aventurera... Puedes crear un premio que sea cada año el mismo para así generar una tradición.

IDEA 367

Noche internacional. Previamente al evento separa a los jóvenes en equipos que elijan representar a un país. Llegada la noche internacional cada equipo tendrá que hacer alguna represtación de música, cantos, trajes típicos de ese lugar. También puedes incluir comidas, e incluso puedes montar varios stands o puestos donde invites al resto de la congregación a comer y a pasar una linda noche.

IDEA #368

Noche de adoración participativa. En la mayoría de las iglesias evangélicas la única participación que puede tener el grueso de los asistentes en la alabanza es solamente cantar. Pero ¿qué tal si todos tuvieran algún instrumento y además agregaras alguna dimensión de movimiento como cuatro estaciones en cada rincón del salón para reconocer cuatro aspectos diferentes de nuestro Dios o del tema espiritual que prefieras? Los instrumentos no tienen por qué ser reales. Pueden ser palitos, matracas, latas, flautas baratas o cualquier cosa que haga ruido. Esa noche incluye teatro, lectura actuada o congregacional, procesiones (caminata previa) o vídeos.

IDEA #369

La guerra de los sexos. Prepara varios juegos y competiciones que tengan que ver con las diferencias entre hombres y mujeres. Ten cuidado de que una vez terminado el juego no se genere un clima de hostilidad. Aprovecha la noche para resaltar cómo ambos sexos se complementan bellamente.

IDEA #370

Karaoke. Saca las sillas del salón y pon mesas. Ten una banda en vivo que pueda tocar música variada, y consigue la letra de canciones clásicas, canciones de niños, coros viejos o himnos olvidados y haz un menú con ellas. Ofrece micrófono abierto.

IDEA #371

De los adultos queridos. Que los chicos traigan a alguien que sea especial para ellos y no forme parte del grupo juvenil. (Puede tratarse de papá, mamá, la abuela, un tío, un profesor o quien sea). Todos tienen que traer a alguien para celebrar. El lema de la noche podría ser: "Es mejor dar que recibir", o "Vamos a bendecir a alguien que nos bendice". O también puedes hablar de lo importante de mirar a los mayores con respeto, pero también evaluando qué clase de adultos quieren ser.

IDEA #372

Festival de chistes. Seguramente tienes a algún joven a quien le gusta contar chistes. Hazle preparar varios para esta noche, y tú prepara también unos cuantos. Pero anuncia lo que se va a hacer, e invita a que quien quiera contar un chiste, lo haga. Deja el micrófono abierto y espera a ver qué pasa.

IDEA #373

Noche de los héroes. Decora todo el salón con figuras de Superman, Batman y todos los superheroes imaginarios que se te ocurran. Otra posibilidad son deportistas o personajes de la historia que son considerados héroes. Prepara algunas dinámicas para ver quiénes son los héroes de tus jóvenes, para ver a quién admiran. Termina la noche hablado de las características de un héroe y de por qué todos podemos ser uno para alguien.

IDEA #374

Noche de cuentos de terror. Esta es mejor hacerla en un campamento o en un pijama party, pero puede funcionar en cualquier lugar. Prepara algunas historias macabras y organiza lo necesario para pegarles a los jóvenes algunos sustos. Que no seas la única persona que cuenta historias; pueden ser varios, e incluso podrías llevar a algún abuelo a contar una (estas suelen asustar más).

Tendrás garantizado que esa noche algunos no dormirán, pero todos tendrán algo para hablar y reírse por varios días.

IDEA #375

Noche acuática. A los jóvenes les gusta juntarse en una piscina. ¿Qué tal si es de noche? Puedes hacer los arreglos con alguien que tenga piscina (si es en la casa de uno de tus jóvenes, mejor) o en un lugar de retiros o club que te rente el lugar. Lleva salchichas, hamburguesas, refrescos y algunos juegos acuáticos además de buena iluminación.

IDEA #376

Noche de intercesión por las naciones. Hoy es posible encontrar información de cómo va la iglesia en distintas latitudes de este planeta. Pasa un tiempo revisando las necesidades de un país o zona específica y ayuda a tus jóvenes a orar por estas necesidades. Si puedes traer a algún misionero o a varios de alguno de estos países para que den testimonio, el impacto será mayor.

IDEA #377

La noche del pastor. Con esta, además de celebrar una noche creativa, útil y diferente, te vas a ganar algunos puntos extra o vas a conseguir un aumento en el presupuesto de los jóvenes... Consigue un buen sillón o dos (para su esposa) y ponlos en el escenario y prepara algunas preguntas: cómo era en su juventud, como se llevaba con sus papás, qué tal alumno era, como empezó en el ministerio y cualquier otra cosa que te parezca importante. Luego deja que los jóvenes pregunten también. Sería muy bueno si consiguieras fotos e hicieras guías positivas o incluso un vídeo. Con esta noche no solo habrás hecho sentirse apreciado al pastor, sino que acercarás a tus jóvenes a la familia de este. Esto suele ayudar a que los jóvenes se identifiquen mejor con la iglesia y, sobre todo, con el pastor.

IDEA #378

Noche de películas. Puedes reservar una noche para pasar una o más películas que te parezcan edificantes para tus jóvenes. También puedes ofrecerlas como una alternativa después de la reunión normal de jóvenes para que los chicos se queden más tiempo y pasen un buen rato juntos.

IDEA #379

Juicio a los padres. La idea les va a gustar a más de uno. Invita a algunos padres que sean buena onda y maduros espiritualmente. Prepara todo como si fueras a hacerles un juicio. Prepara un estrado, disfraza a alguno de juez y consigue un martillo de madera. También prepara un equipo de fiscales y otro de abogados defensores.

Ayúdales a unos y otros a preparar sus "casos" Al terminar, ora por los padres y ayuda a que los jóvenes reflexionen en que es cierto que los padres no son perfectos, pero es conveniente obedecerlos como nos recomienda la Palabra.

IDEA #380

Evalúa las actividades especiales después de realizarlas. A veces nos olvidamos de poner por escrito qué funcionó bien y qué mal. Esto nos ayuda a ver cómo mejorar. Sin hacer evaluaciones aprendemos menos de nuestros errores.

18

No hay dudas de que la adolescencia y la juventud no solo son tierra fértil para sembrar el evangelio, sino que bien movilizadas pueden convertirse en la fuerza evangelizadora más potente de cualquier congregación. Una y otra vez, la historia de la iglesia tuvo como protagonistas principales a jóvenes desenfadados que se propusieron gritar de Cristo de maneras relevantes e inteligentes para sus épocas. Uno de los males de la iglesia del siglo pasado fue que limitó el evangelismo a algo que se hace detrás de un pulpito. Aquí hay algunas ideas de cómo hacer del evangelismo algo fresco y más práctico de realizar para tus jóvenes.

IDEA #381

Monta una obra de teatro en la calle.

IDEA #382

Lleva a una plaza uno o varios tableros de dibujo (los puedes armar con un recuadro de madera liviana cubierto de papel blanco) y comienza a pintar un cuadro. Diles a tus jóvenes que se pongan a observarte como si tuvieran curiosidad, sin que al principio parezca que vienen contigo. Cuando ya tengas a varios observadores, explica qué quieres representar con el cuadro, y relaciónalo con Jesús. Esto funciona mejor todavía si cuentas una historia que vas pintando con figuras.

IDEA #383

Realiza un concurso de bandas juveniles cristianas en algún lugar público. El hecho de que sea un concurso va a ayudar a que los observadores se queden durante más tiempo.

IDEA #384

Concurso de bandas II. Si eres valiente realiza un concurso de bandas no cristianas en el salón de jóvenes. Explícale a la congregación que será un evento con el propósito de lograr que adolescentes no cristianos se acerquen a la iglesia y puedan conocer a los jóvenes de la congregación. Si quieres, diles claramente que no les dejarás decir malas palabras o hacer cosas inapropiadas, pero déjales tocar lo que quieran. El hecho de que sea un concurso y de que les ofrezcas un buen sonido y una buena iluminación te asegurará la asistencia de varias bandas, además de que los jóvenes no cristianos se familiaricen con quienes siguen a Jesús.

IDEA #385

Adopta una cuadra. Muchas congregaciones hacen evangelismo casa por casa alrededor de varias cuadras que están cerca de la iglesia. Pero otra opción es elegir una cuadra y concentrarte en conocer a la gente que allí vive, en compartir sus historias, hacer amigos y así lograr que cambien sus ideas sobre la iglesia y le den una oportunidad a Jesús.

IDEA #386

Existen varios ministerios que usan trucos de magia que sirven para comunicar el mensaje del evangelio. Hay varios trucos que pueden adaptarse para una buena historia, y seguro que llamarán la atención en una plaza o en la puerta del centro comercial. Pon a varios de tus jóvenes a hacerlo.

IDEA #387

Organiza un viaje evangelístico: visita una iglesia de otra ciudad y sal con tus jóvenes a hacer evangelismo casa por casa. Seamos sinceros: muchas veces este tipo de evangelismo funciona mejor como experiencia si los jóvenes se encuentra en otras latitudes.

IDEA #388

Organiza un intercambio internacional. Recibe a grupos juveniles de otros países que vengan a hacer evangelismo en tu congregación. Hospédalos en la casa de tus jóvenes y emparéjalos con jóvenes del mismo sexo y del otro país para ir casa por casa.

IDEA #389

Sal a hacer encuestas por el barrio. Instruye a tus chicos a que digan que son de la iglesia y que solo vienen a hacer un par de preguntas (ningún tipo de sermón o folleto en esta idea a menos que alguno de los visitados lo pida directamente). Las preguntas han de ser de religión en general, tipo: "¿Cree usted en Dios?" "¿Asiste a alguna iglesia?" "Si no lo hace, ¿por qué?" "¿Qué piensa de los cristianos evangélicos?", etc. No refutes ninguna respuesta.

IDEA #390

Divide a tus jóvenes en tríos y envíalos a visitar a los vecinos o a ubicarse en un lugar público ofreciéndose a la gente orar por ellos sin hacer nada más que eso. Podrían decir algo así como: "Nosotros somos cristianos: ¿Tiene usted algo que le gustaría pedirle a Dios? Podemos orar por usted". Si la persona dice que sí, entonces oran.

IDEA #391

Organiza un gran debate en la municipalidad o en alguna escuela respecto a temas importantes sobre los que los cristianos tenemos una opinión clara y fuerte (las leyes respecto al matrimonio homosexual o al aborto).

IDEA #392

Proyecta una noche una película evangelística preferiblemente en un lugar público abierto.

IDEA #393

Organiza un campamento evangelístico en el que la condición para poder asistir sea invitar a un amigo no cristiano. Adapta tus actividades y programas a los jóvenes nuevos.

IDEA #394

Organiza una marcha a la que los jóvenes vayan con música, banderas de colores y gritando algo positivo de la fe. Si en tu ciudad se celebra la "Marcha por Jesús", participa en ella con tus jóvenes. Si no es así, organiza una en tu barrio e invita a todos los grupos juveniles de la zona.

IDEA #395

Pon un puesto de oración en un centro comercial.

IDEA #396

Organiza un club cristiano en la escuela. Pide las horas libres de los sábados por la mañana para organizar actividades allí.

IDEA #397

Preséntate con tus jóvenes en la salida de un concierto secular o de una discoteca, y estén preparados para entablar conversaciones acerca de Jesús.

IDEA #398

Haz una presentación artística en una escuela.

IDEA #399

Graba un vídeo de testimonios de tus jóvenes y desafíalos a invitar a amigos no cristianos la noche que se presente el vídeo.

IDEA #400

Desafía a tus jóvenes a que evangelicen sin palabras. Un año, al comenzar las clases, les pedí que no dijeran en la esuela que eran cristianos. Todos me miraron sorprendidos. A continuación les expliqué: "Si ustedes son cristianos, van a ser los alumnos más esforzados, los mejores compañeros y los amigos en quienes confían los demás. Cuando alguien les pregunte por qué ustedes son distintos, ahí si díganles que porque conocen a Cristo. Si no tienen estas actitudes diferentes, no vale la pena que lo digan".

19

IDEAS PARA AFIRMAR UNA AUTOESTIMA

SANA EN TUS JÓVENES

Dicen muchos prominentes psicólogos que la opinión que tienen de nosotros las personas importantes de nuestra vida determina en gran manera cómo nos vemos a nosotros mismos. Hoy día resulta más que obvio que nuestra opinión sobre nosotros mismos incide en nuestra manera de ver la vida y de manejar nuestras relaciones interpersonales. Por eso, los líderes juveniles, al convertirnos en personas importantes en la vida de los jóvenes, tenemos que ser un espejo que refleje en ellos una autoestima sana. Nunca está de más decirles algo agradable o alentar actitudes o actividades positivas. Por eso es muy importante practicar las siguientes ideas.

IDEA #401

Una frase que los jóvenes tienen que escuchar de tus labios en el momento indicado es: "Creo en ti". Espera siempre lo mejor de ellos, y házselo saber.

IDEA #402

Una pregunta personal que tenemos que plantearles a nuestros compañeros de trabajo es: "¿Qué te gusta de ti mismo?" Su respuesta nos va a decir bastante de cómo se ve ese joven.

IDEA #403

Aun el adolescente más rebelde tiene en qué destacar. Puede que no se trate de algo muy visible en la iglesia, pero si lo encuentras, seguro que has hallado una puerta para entrar en el corazón de ese adolescente.

IDEA #404

Festeja actitudes cristianas que otros no ven, como perdonar, ser honestos, la humildad, el esfuerzo y la pasión por los amigos.

IDEA #405

Reconoce sus decisiones cuando son acertadas.

IDEA #406

Llámales la atención en privado cuando no traten a otros como se merecen. Y ayúdales a ver cómo ellos se hacen querer más si hacen sentirse mejor a otros.

IDEA #407

Abrázalos con frecuencia.

IDEA #408

Dales las gracias siempre que hagan lo que les

pides. Que sean voluntarios o que tú seas el líder no significa que sean tus esclavos.

IDEA #409

Investiga respecto a su desenvolvimiento escolar. Si te enteras de que no van bien, busca la forma de ayudarlos. Aunque parezca que no les importa, no es cierto.

IDEA #410

Afírmalos en público.

IDEA #411

No tengas miedo de que se les hinche el pecho. Es una tontería no decir cosas lindas para que el otro no se agrande. La sociedad se encarga sola de destacar lo feo. Si nosotros destacamos lo lindo, ellos sentirán menos impulsos de tener que ponerse por encima de los demás.

IDEA #412

Celebra los pasos de fe.

IDEA #413

Separa la caída de la identidad del joven. Cuando tus jóvenes caigan o pequen, declárales positivamente que ellos no son su pecado. Eso es algo que cometieron y que en Cristo pueden dejar atrás. No están condenados a repetirlo cada vez.

IDEA #414

Llámalos por teléfono cuando algo al azar te haga pensar en ellos.

IDEA #415

Háblales a sus padres bien de ellos cuando estén delante.

IDEA #416

Si sospechas que se sienten condenados a repetir los mismos errores que sus padres, diles claramente que son libres en Cristo y no están condenados a repetir los mismo errores.

IDEA #417

Explícales la diferencia entre humildad y baja autoestima, y entre tener una buena idea de nosotros mismos y pecar de soberbios.

IDEA #418

Recuérdales lo que Dios cree y espera de ellos. A mí siempre me ha ayudado acordarme de que Dios cree en mí más de lo que yo creo en él.

IDEA #419

Invita a tu reunión de jóvenes a personas que hayan pasado por desafíos difíciles o que sirven al Señor a pensar de tener alguna incapacidad física. Normalmente estos ejemplos les inspiran a conquistar sus propios desafíos, y muchas veces les ayudan a poner en perspectiva lo que a ellos les parece tan severo.

20

Una de las técnicas que los líderes efectivos mejor manejan es el arte de hacer que los jóvenes conversen, revelando cómo se sienten, quiénes son y qué les gusta y qué no de la vida. Es importantísimo lograr que los adolescentes se escuchen unos a otros y sientan que en la iglesia pueden hablar de sus cuestiones personales o de sus secretos. Aquí te presento una lista de preguntas que pueden funcionar como un disparador de amistades, para la integración y cómo punto de inicio de una clase o reunión.

IDEA #420

¿Cuándo fue la primera vez que oraron en público? ¿Dónde fue? ¿Qué sintieron?

IDEA #421

¿Alguna vez se rieron tanto que se hicieron pis encima? ¿De que te reías? ¿Alguien se dio cuenta que te hiciste pis encima?

IDEA #422

¿Cuándo fue la última vez que le dieron dinero a alguien en la calle? ¿Quién era? ¿Por qué le dieron?

IDEA #423

¿Alguna vez recibieron un paquete inesperado en el correo? ¿Quién lo enviaba? ¿Qué sentían mientras lo abrían?

IDEA #424

¿Quién se sintió alguna vez distanciado de su familia? ¿Bajo qué circunstancias? ¿Todavía te sientes así?

IDEA #425

¿Alguna vez se hicieron pis en la piscina? ¿Cuántos años tenían? ¿Qué pasó?

IDEA #426

¿Quién desearía ser más organizado? ¿Qué significa ser una persona ordenada? ¿Para qué sirve?

IDEA #427

¿Cuál de ustedes habla o camina mientras duerme? ¿Cómo lo sabes? ¿Qué sientes al saberlo?

IDEA #428

¿Quién sorprendió a alguien metiéndose los dedos en la nariz? Y de ustedes aquí, ¿quién fue atrapado metiéndose los dedos en la nariz? ¿Por qué decimos que está mal hacer eso?

IDEA #429

¿Quién fue humillado alguna vez por una maestra en la escuela? ¿Qué sucedió? ¿Cómo te afectó? ¿Qué harías hoy si te volviera a ocurrir?

IDEA #430

¿Alguna vez perdieron un partido o un juego a propósito? ¿Por qué? ¿Cómo se sintieron después?

IDEA #431

¿Quiénes tienen compañeros verdaderamente pesados y molestos en la escuela? ¿Qué hacen esas personas? ¿Cuál es la mejor manera de tratar a alguien así?

IDEA #432

¿Quién ha tenido un día perfecto alguna vez? ¿Por qué fue tan perfecto? ¿Qué tiene que ocurrir en tu vida para que un día sea perfecto?

IDEA #433

¿Alguien se preguntó alguna vez por qué nos hizo Dios? ¿A qué conclusión llegaron?

IDEA #434

¿Conocen a algún adolescente que se haya querido morir? ¿Qué crees que le causaría esos sentimientos? ¿Qué le dirían a alguien que sintiera eso mismo?

IDEA #435

¿Quién sabe lo que vamos a hacer en el cielo? ¿Qué les gustaría que hiciéramos? ¿Qué dice la Biblia?

IDEA #436

¿Qué sentimos cuando alguien está enamorado de nosotros? ¡Anímense! ¿Alguna historia personal? ¿Ustedes estaban enamorados de esa persona también? ¿Qué se debe hacer en estos casos?

IDEA #437

Sin contar a las personas, ¿qué rescatarían de sus casas si estas se incendiaran? ¿Cómo lo harían?

IDEA #438

¿Alguna vez pensaron cómo les gustaría morir? ¿Y por qué cosa(s) les gustaría ser recordados al morir? ¿Tendrá eso que ver con cómo deberíamos vivir?

IDEA #439

¿Alguna vez han amado a alguien que no sabía lo que ustedes sentían? ¿Qué intentos hicieron por hacerle saber? ¿Qué sentían mientras lo hacían?

IDEA #440

¿Qué harías si fueras invisible?

IDEA #441

¿Dónde te gustaría vivir si pudieras hacerlo donde se te antojara? ¿Por qué?

IDEA #442

¿Qué harías si tu mano pudiera sanar a otros? ¿Cuáles serían las consecuencias? ¿Qué te pasaría a ti?

IDEA #443

¿Qué te gustaría hacer si no necesitaras dormir en absoluto?

IDEA #444

¿Qué le preguntarías a Dios si pudieras hacerle tres preguntas cara a cara?

IDEA #445

¿Qué es más fácil: ser varón o mujer? ¿Por qué?

IDEA #446

¿Qué harías si te ofrecieran cinco mil dólares por romper con tu novio(a) y no pudieras volver a hablar con él o ella durante dos años por lo menos?

IDEA #447

Si pudieras ser una caricatura, ¿quién serías?

IDEA #448

Si pudieran ser algún personaje del Antiguo Testamento, ¿cuál serían?

IDEA #449

Si tuvieras que sacrificar uno de tus cinco sentidos ¿cuál sería?

IDEA #450

¿Qué harías si pudieras realizar cosas lindas por algunas personas, pero estas nunca pudieran saber quién las hizo?

IDEA #451

¿Qué harías si pudieras ser un importantísimo líder religioso hoy?

IDEA #452

¿Qué harías si nunca sintieras culpa?

IDEA #453

¿Adónde y a qué época irías si pudieras viajar al pasado?

IDEA #454

¿Qué sucedería si pudieras comunicarte con los animales?

IDEA #455

Si pudieras pedirle a Dios que resolviera un problema en el mundo con la certeza de que lo haría por tu petición, ¿cuál sería ese problema?

IDEA #456

Si tuvieran que describir tres virtudes de una amistad verdadera, ¿cuáles serían?

IDEA #457

¿Qué harían si fueran a una fiesta y sus compañeros de escuela estuvieran allí fumando marihuana?

IDEA #458

Si pudieras convertirte en otra persona, ¿para qué lo harías?

IDEA #459

Si pudieran cambiar una cosa de esta iglesia, ¿cuál sería?

21

No te quepa duda de que a los jóvenes les gustaría hablarte de cómo se sienten y qué les pasa por la cabeza. Lo que sucede es que muchas veces no encuentran el ambiente adecuando, no se sienten seguros o no saben cómo empezar. Aquí tienes un par de ideas para ayudarles a arrancar y orientarlos hacia una buena conversación.

IDEA #460

Mis padres me hacen enojar cuando…

IDEA #461

Cuando me siento triste, normalmente…

IDEA #462

Una tradición familiar que une más a nuestra familia es…

IDEA #463

Lo mejor acerca de nuestro ministerio juvenil es…

IDEA #464

Mi manera favorita de perder el tiempo es…

IDEA #465

La mejor noticia que escuché esta semana fue…

IDEA #466

Lo primero que viene a mi mente cuando pienso en Dios es…

IDEA #467

El cumplido (piropo) más estimulante o que más he disfrutado al recibirlo ha sido…

IDEA #468

La actividad más peligrosa que me gustaría intentar es…

IDEA #469

La mentira más grande que dije fue…

IDEA #470

Si planeara mi propio funeral me gustaría incluir…

IDEA #471

Los que me gusta más de mis padres es…

IDEA #472

Una vez que me sentí muy cerca de Dios fue…

IDEA #473

Me gustaría tener más…

IDEA #474

Si pudiera resucitar a alguien de la muerte sería…

IDEA #475

Si tuviera que elegir un trabajo para el resto de mi vida sería…

IDEA #476

La última vez que pedí perdón fue por…

IDEA #477

Yo creo que las personas que piden dinero por la calle…

IDEA #478

La peor tortura física que me puedo imaginar es…

IDEA #479

La ultima vez que exageré fue con respecto a…

IDEA #480

Las áreas de mi vida en las que me cuesta más confiar en Dios son…

IDEA #481

Prepárate. La creatividad demanda un esfuerzo extra, y rara vez depende de la espontaneidad. Cuando no estamos preparados solemos repetir lo que ya sabemos y ya hicimos, y así terminamos aburriendo a los jóvenes. Incluir a otras personas y hacer cosas diferentes requiere que nos sentemos a planificar de antemano y nos preparemos para hacer algo nuevo.

IDEA #482

Planea en equipo. Si planeas a solas, vas a trabajar a solas y vas a terminar disfrutando a solas. No es ningún secreto el hecho de que todos disfrutamos más de algo de lo que nos sentimos parte. Cuantos más participen de la planificación, mejor será. Esto no significa que necesariamente tengas que hacer lo que todos dicen, tú siempre te reservas el derecho de vetar las ideas, pero sí debes escuchar las opiniones de todos.

IDEA #483

Involucra al mayor número posible de participantes. Si tienes que elegir entre una actividad en la que van a participar tres personas, y otras en las que pueden participar activamente veinte, ni dudes en organizar la que incluya a más participantes... Ante cada actividad busca el modo de incluir a la mayor cantidad de jóvenes en el programa.

IDEA #484

Haz un esfuerzo extra en el lanzamiento y la culminación de las actividades del año. Comenzar bien es importante para marcar el precedente de adónde te quieres dirigir a lo largo del año. Al terminar también es muy importante resaltar lo bueno y agradecerles a todos los que se esforzaron durante el año. Planifica estos dos eventos con mucha anterioridad.

IDEA #485

Mantén latente el factor sorpresa. Hoy vivimos  en un mundo en el que nuestros chicos escuchan constantemente referencias a lo nuevo, lo novedoso y lo último. Por eso, todo en la iglesia no puede ser previsible, ni podemos saber siempre lo que va a ocurrir. No des toda la información cuando tienes algún buen invitado o cuando va a haber algo verdaderamente diferente. Acostumbra a tus jóvenes a que siempre puede haber sorpresas en el ministerio juvenil. Eso te va a ayudar con la asistencia, va a levantar el entusiasmo e incluso espoleará la puntualidad.

IDEA #486

Decide tus batallas. El ministerio juvenil es muy singular. Si tus adolescentes te quieren demasiado, es muy probable que a sus padres les preocupe tu liderazgo. Si los padres te aprenden a querer, muy posiblemente tus adolescentes se pongan nerviosos con respecto a tu liderazgo. Y si padres e hijos te quieren demasiado, quienes probablemente estén muy nerviosos serán los líderes de otros ministerios, o incluso el mismo pastor. El caso es que no vas a poder mantener a todos contentos al mismo tiempo. Por eso es bueno que decidas de antemano con quiénes vas a enfrentarte, cuándo y cómo. A veces vas a tener que ser audaz en tu ministerio y jugártela por algo que realmente crees conveniente aunque tu decisión no sea la más popular. Cuidado con el mito de creer que si hacemos la voluntad de Dios todos van a estar de acuerdo. Eso no es bíblico; muchas veces el patrón bíblico fue lo opuesto. Por eso, medita en las batallas que vas a tener que pelar y decide cuáles valen la pena y en qué territorio las vas a enfrentar.

IDEA #487

Utiliza recursos de la comunidad. Tu ministerio no se termina en las paredes del templo. Es increíble la cantidad de lugares y entidades que gustosamente podrían beneficiar nuestra programación juvenil si tan solo empezamos a contar con ellas. ¿Algunos ejemplos? Museos, parques de diversiones, plazas, aulas de escuela, centros médicos, los salones de un Club de Rotarios, cines, restaurantes y hasta la municipalidad. ¿Qué puedes hacer en estos lugares? Seguro que no te faltarán ideas.

IDEA #488

Convierte a cada joven en un promotor. Si hay un sector de la sociedad que se maneja por la opinión colectiva, es el de los jóvenes. Por eso debes permitir que ellos mismos sean tus propios promotores. Ponlos a dar anuncios del ministerio juvenil los domingos, usa sus fotos para las publicidades, deja que ellos diseñen materiales publicitarios de las actividades. Diseña y fabrica camisetas con el logotipo del ministerio juvenil (sin nombres religiosos) para que usen en la escuela.

IDEA # 489

No dependas exclusivamente de tu creatividad. Con mi creatividad no basta y con la tuya tampoco. Por eso siempre conviene abrir la mesa del diálogo y nutrirnos con las ideas de otros.

IDEA # 490

Préstale atención a la iluminación y a la decoración y mobiliario del salón. Es increíble hasta qué punto condiciona el estado de ánimo la iluminación de los ambientes. Evita en lo posible salones cuya iluminación dependa de tubos fluorescentes: estos fueron diseñados para ahorrar energía en oficinas, pero no para levantar el ánimo o crear un ambiente. Ya hay empresas multinacionales que los han prohibido en sus oficinas porque desaniman el trabajo de sus empelados. Si esa es la iluminación del templo, consíguete un par de reflectores o focos para luces amarillas más fuertes, y al menos ilumina mejor el escenario. Tampoco uses salones demasiados grandes. Es mejor que uses el más pequeño que tengas hasta que queden muy apretados. Otro truco es sacar sillas, siempre tiene que haber menos sillas que la cantidad de gente que esperas; nunca al contrario.

IDEA # 491

Decora. Eso te puede servir no solo para hacer del salón un lugar más atractivo para tus jóvenes, sino también para resaltar un tema o enseñanza, o incluso para involucrar a más jóvenes en el ministerio. Elige de entre ellos un comité que se encargue de esto.

IDEA #492

Calcula el tiempo. Cronometra tus reuniones y analiza bien en qué se va el tiempo. Trata de incluir el mayor numero de participaciones en el menor tiempo, y sé bien específico en cuánto tiempo le das a cada uno. Recuerda también que la duración del sermón NO es proporcional a la espiritualidad del orador o la eficacia del mensaje.

IDEA #493

Crea vacaciones y recreos. Tú y tus jóvenes necesitan tomarse descansos. No continúes con reuniones todo el año porque simplemente deban hacerse. Utiliza a tu favor las vacaciones. Mantente en contacto con los jóvenes y participa con ellos de actividades más informales, pero dales un descanso del templo y del programa anual. Esto servirá para que recuperes fuerzas y para que ellos recarguen expectativas y extrañen el ministerio.

IDEA #494

Prevé las transiciones. Hay demasiados eventos que planean el orden de las reuniones pero no prevén como ir de una cosa a la otra sin perder el tiempo y sin dar sensación de que la reunión está a la deriva. Si sabes que después del sermón suben los músicos, que estén todos cerca del escenario y que los instrumentos ya estén todos conectados. Si Laura va a dar un anuncio, que no esté el baño cuando le llegue el turno, que esté ya parada al lado del escenario dos minutos antes. Si lo que sigue es una obra de teatro, que ya se sepa quién apaga la luz, quién coloca el decorado y cuántos micrófonos se van a usar.

IDEA #495

Aprovéchalos eventos grandes. No tienes que organizar todo lo grande tú mismo. Muy probablemente ya hay un congreso de jóvenes cerca de tu ciudad. Asiste aunque no sean tus eventos preferidos. Siempre es positivo crear recuerdos con ellos, y además es sano que te vean escuchando a otros oradores. Si solo llevas a tus jóvenes a eventos en los que tú estás encima del escenario, entonces hay algo sospechoso en tu ministerio.

IDEA #496

Utiliza buenos materiales. No hace falta reinventar la pólvora. Hoy día contamos con materiales de enseñanza y programación que pueden ser un excelente bosquejo para seguir en tus reuniones. La serie de "Lecciones bíblicas creativas", de Especialidades Juveniles, es muy completa. El "Proyecto discípulo", escrito por Mike Yaconelli también es excelente. Búscalos en tu librería cristiana favorita.

IDEA #497

Favorece una competencia sana. Un poco de competencia sacude la adrenalina. Es imposible negarlo: los seres humanos tenemos un monstruo competitivo adentro. En algunos casos es un monstruo feo y destructivo, y por eso hay que aprender a domesticarlo. Aunque no debemos darle rienda suelta, tampoco podemos negarlo y no usarlo. Dios nos lo regaló para divertirnos, para establecer relaciones de equipo y para sacar lo mejor de nosotros. Favorecer un poco de sana competividad sirve para llenar de energía una gran cantidad de actividades.

IDEA #498

Explora nuevos talentos. No tengas miedo de sacrificar una reunión con tal de que los jóvenes crezcan. A veces vas a tener que darle lugar a alguien que hace algo que no te gusta o que no sabes si lo hace muy bien para darles la posibilidad de sentirse parte, además de crecer en el desarrollo de sus talentos. No te quedes con los talentos que usualmente valoramos en la iglesia. Piensa en finanzas, tecnología, drama, pintura, disck jockey, narración de cuentos y demás actividades que a distintos jóvenes les llaman la atención; involucra esos aspectos en tu ministerio.

IDEA #499

Intercambia con otros grupos juveniles. Un poco de teología bíblica y sana doctrina: la iglesia es una. Tu congregación no es la única expresión del reino de Dios en la tierra. No son ni una insignificante comunidad ni la esperanza mesiánica del mundo. Pequeña o grande, carismática o conservadora, rica o pobre, tu congregación es "una" expresión del cuerpo de Cristo, y a tus jóvenes les vendría muy bien estar más concientes de esta realidad de lo que lo estuvieron sus padres. Invita a otros grupos juveniles a visitarte y participar de la reunión, luego devuelves el favor. Haz eventos como campamentos entre dos o tres congregaciones. Dales el ejemplo de que tú puedes trabajar en equipo con otros líderes.

IDEA #500

Un diez por ciento de cambio funciona mejor. A veces estamos tan pendientes de buscar el factor GUAUU (que hay que buscar de vez en cuando) que perdemos de vista que introduciendo un pequeño cambio en algo que ya hacíamos, muchas veces generamos una energía superior que la que se obtienes con una cosa totalmente nueva. Seguramente has asistido a algún campamento en el que tocaron de una forma nueva una canción vieja o le cambiaron un pequeño detalle a un juego más viejo que el diablo, y fue un éxito increíble. Un himno tocado en un compás moderno, así como un juego con un detalle adaptado específicamente para tu actividad, pueden ser factores importantísimos para detonar una explosión. La renovación de los programas y actividades ha de ser algo gradual, llevado a cabo con elegancia y creatividad. Piensa en cómo darle una pequeña vuelta de rosca a las cosas que ya haces y puedes encontrar una completa nueva dimensión de la actividad. Los cambios llevan un proceso, y por eso es mejor ir haciéndolos en etapas.

IDEAS TUYAS

ANÓTALAS AQUÍ:

_____
_____
_____
_____
_____
_____
_____
_____
_____
_____
_____
_____
_____
_____
_____
_____
_____

ANÓTALAS AQUÍ:

Si trabajas con jóvenes, nuestro deseo es ayudarte.

Visítanos en:
www.EspecialidadesJuveniles.com

Un montón de recursos para tu ministerio juvenil
Info@EspecialidadesJuveniles.com

Nos agradaría recibir noticias suyas.
Por favor, envíe sus comentarios sobre este libro
a la dirección que aparece a continuación.
Muchas gracias.

Editorial Vida
7500 NW 25 Street, Suite 239
Miami, Florida 33122

Vidapub.sales@zondervan.com
http://www.editorialvida.com